ENCORE VOUS, IMOGÈNE ?

Charles Exbrayat est né en 1906 à Saint-Etienne (Loire). Après le baccalauréat passé à Nice où habitent ses parents, il se prépare sans enthousiasme à devenir médecin mais, exclu de la faculté de Marseille pour chahut notoire, il échappe à l'Ecole de Santé de Lyon et se tourne vers les sciences naturelles à Paris où il enseigne en potassant l'agrégation.

Il fait ses débuts d'auteur dramatique à Genève avec *Aller sans retour,* poursuit sa carrière à Paris *(Cristobal, Annette ou la Chasse aux papillons)* et publie deux romans.

Journaliste après 1945, scénariste (une quinzaine de films), il aborde bientôt le roman policier avec *Elle avait trop de mémoire* (1957).

Vous souvenez-vous de Paco? obtient le Grand Prix du roman d'aventures en 1958. Charles Exbrayat s'illustre ensuite dans le roman policier, notamment humoristique, avec une réussite constante. Il est directeur du *Club des Masques.*

ŒUVRES D'EXBRAYAT

EXBRAYAT

Encore vous, Imogène?

ROMAN POLICIER HUMORISTIQUE

LIBRAIRIE DES CHAMPS-ÉLYSÉES

PERSONNAGES

Imogène McCarthery.

Sergent Archibald McClostaugh, *chef de la police de Callander.*

Constable Samuel Tyler.

Andrew Copland, *superintendent de la police du Comté de Perth.*

Keith McDougall, *directeur du collège Pemberton.*

Moira, *sa femme.*

Owen Rees, *professeur d'anglais.*

Maureen McFadden, *professeur de français.*

Elspeth Whitelaw, *professeur de physique et de chimie.*

Gordon Baxter, *professeur de culture physique.*

Flora Pritchel, *professeur de dessin.*

Dermot Stewart, *professeur d'histoire et géographie.*

Norman Fullerton, *professeur de civilisation britannique.*

Alison Kyle, *élève de Pemberton.*

Gerry Lymb, *élève de Pemberton.*

Hamish, Gregor, Alexander Kyle, *père d'Alison.*

Et les personnages familiers de Callander.

PROLOGUE

Depuis qu'il était en âge de penser, Norman Fullerton regrettait de n'avoir pas vu le jour en Ecosse. Fils de professeur, il s'engagea sur la même voie que son père avec l'idée bien arrêtée, une fois ses diplômes conquis, d'aller enseigner chez les Ecossais. D'un tempérament appliqué, il parvint à son but. Ses travaux personnels lui auraient assuré une place dans n'importe quelle université britannique mais, poète tout entier attaché à son rêve, Norman choisit de professer dans les collèges les plus éloignés des grands centres urbains, ceux où l'on pouvait se sentir le plus étroitement en contact avec la vieille terre des Highlands. C'est ainsi qu'en cette année 1962, il faisait son cours aux élèves du collège Pemberton, dans le comté de Perth.

Marcheur infatigable, Fullerton usait ses heures de loisir en de longues excursions qui le promenaient à travers la lande sur les traces des légendes qui semblent sourdre naturellement du sol. Parmi les petites villes se trouvant dans son rayon de marche, il découvrit et aima particulièrement Callander où il avait lié amitié avec Ted Boolitt, le propriétaire du *Fier High-*

lander. Ce dernier ne s'était pas privé de lui parler de son héroïne particulière, gloire de la cité, Imogène McCarthery. La grande Ecossaise vivait, pour l'heure ses derniers jours londoniens. Atteinte par la limite d'âge, elle devait prendre sa retraite et quitter son emploi de chef de bureau à l'amirauté. On espérait — du moins ses amis — qu'elle reviendrait au pays natal pour y vieillir et y mettre un peu d'animation. En bref, Ted en raconta tant et tant que Norman Fullerton se persuada qu'il ne connaîtrait vraiment l'Ecosse que le jour où il aurait rencontré Imogène McCarthery.

Ce soir-là, Norman avait longuement veillé pour achever la correction des épreuves de son ouvrage sur John Knox. Il aimait ces heures silencieuses où, dans le collège, tous, depuis le directeur jusqu'à la dernière femme de charge, dormaient d'un sommeil réglementaire et réparateur. Il lui semblait alors qu'il assimilait plus profondément la poésie de l'Ecosse. Avant de se coucher, il voulut boire un verre d'eau et s'aperçut que sa carafe était vide. Il la prit pour aller la remplir dans la salle de bains, au bout du couloir. Etouffant autant que possible le bruit de sa marche, Fullerton avançait précautionneusement sur le tapis. Il fut surpris de voir de la lumière filtrer sous la porte d'un de ses collègues. Il imaginait être le seul à veiller si tard. Il s'apprêtait à frapper chez ce compagnon d'insomnie pour lui souhaiter bonne nuit lorsqu'il attrapa l'écho d'une discussion qui, malgré le soin qu'on mettait à en assourdir les éclats, lui parut âpre. Il n'était pas courant qu'on parlât sur ce ton à Pemberton et, bien que de nature discrète, Norman, surpris, retint son souffle pour écou-

8

ter ce qui se disait. Ce qu'il entendit alors le frappa de stupeur. Une haine sans pardon paraissait animer les deux interlocuteurs et Fullerton ne songea pas un instant à rire des menaces de mort échangées. Il les devinaient vraies, sincères. Dès ce moment-là, Norman sut que quelqu'un mourrait de mort violente à Pemberton. Il décida de s'écarter très vite et de rentrer chez lui, mais l'émotion le paralysait littéralement, il dut faire un gros effort pour regagner sa chambre. Il ne l'avait pas encore atteinte lorsqu'il entendit s'ouvrir une porte dans son dos. Il se força à ne pas se retourner mais il sentit qu'on regardait sa silhouette et qu'on le reconnaissait sans doute. Peut-être que s'il ne se retournait pas, on penserait qu'il n'avait rien entendu...

Allongé dans son lit, en dépit de l'obscurité et de l'heure, Norman Fullerton ne parvenait pas à trouver le sommeil. Comment dormir quand on est au courant des préparatifs d'un meurtrier? Et que tenter pour contrecarrer les desseins du meurtrier? Le directeur prévenu s'indignerait, ayant admis, une fois pour toutes, que son collège n'abritait que des ladies et des gentlemen; il ne voudrait rien entendre. La police lui rirait au nez en lui conseillant de veiller à sa nourriture vespérale à seule fin d'éviter les cauchemars. Désespéré de son impuissance, Fullerton se tournait et se retournait sur sa couche quand, soudain, il pensa à cette Imogène McCarthery dont Ted Boolitt lui avait parlé avec tant de flamme et qui, si elle répondait seulement à la moitié de ce qu'on racontait d'elle, saurait ce qu'il conviendrait de faire pour empêcher le crime qui se tramait.

CHAPITRE PREMIER

Le superintendent Andrew Copland trouvait la vie belle. Il avait, pour cela, bien des raisons. D'abord, n'ayant pas atteint la cinquantaine, il s'estimait encore jeune, d'autant plus qu'il jouissait d'une santé parfaite et que sa femme Maggie, après vingt années de mariage, continuait à le tenir pour un homme supérieur; ensuite, parce que son fils David travaillait fort bien au collège Pemberton et qu'on pouvait raisonnablement penser qu'un jour il décrocherait son diplôme de médecin; enfin, parce qu'il savait devoir être nommé chief-superintendent d'ici un ou deux ans. Et comment ne pas ajouter à ce tableau réconfortant que Copland habitait Perth, la « jolie ville » par excellence? De la fenêtre de son bureau de Tay Street, il voyait couler la Tay entre le pont de Perth et celui de la Reine. De l'autre côté de la rivière s'étalaient les quartiers champêtres où Maggie préparait le repas de son époux. Le superintendent, qui ne faisait point de complexe, s'estimait un des hommes les plus heureux d'Ecosse et en rendait volontiers grâce au Seigneur.

Le calme régnant dans ce comté de Perth dont il

dirigeait la police, Copland — n'ayant jamais rien de particulièrement pressé à faire — rêvait à son avenir qui lui apparaissait sous des couleurs si favorables qu'un léger sourire illuminait son visage que la pâtisserie familiale commençait à empâter. En frappant à la porte du bureau, le planton Thomas Johnson arracha le superintendent à l'agréable torpeur où il s'enlisait. Il se secoua avant de crier:

— Oui?

Johnson annonça qu'un sergent de police se présentait à l'audience que le superintendent lui avait accordée. Copland jeta un coup d'œil sur son agenda et s'aperçut, en effet, qu'il avait accepté de recevoir à ce jour et à cette heure un certain Archibald McClostaugh, responsable de l'ordre public à Callander.

— C'est bon, qu'il entre...

Quelques secondes plus tard, le superintendent voyait s'encadrer sur le seuil une sorte de géant vêtu de l'uniforme des constables de Sa Gracieuse Majesté et exhibant une étonnante barbe rouge qui s'étalait sur sa poitrine comme une prodigieuse tache de sang. Le nouveau venu claqua les talons devant son supérieur en se présentant:

— Sergent Archibald McClostaugh, de Callander, sir!

— Heureux de vous voir, sergent. Asseyez-vous...

— Avec votre permission, sir...

Cérémonieux, McClostaugh ôta son casque, le tint sur son bras replié et se posa d'une fesse respectueuse sur le bord du fauteuil où on l'invitait à prendre place.

— Alors, sergent, quelque chose qui ne va pas à Callander?

11

— Tout va très bien pour l'instant, sir.

— Parfait! La population a bonne mentalité?

— De tout premier ordre, sir.

— Combien d'adjoints?

— Un seul, sir. Le constable Samuel Tyler.

— Content de lui?

— C'est un modèle pour les jeunes, sir.

— Excellent tout cela, hein? Alors, que désirez-vous me demander?

— Mon changement immédiat d'affectation ou, si la chose n'est pas possible, ma mise à la retraite anticipée.

Incrédule, Copland regarda son visiteur.

— Je ne pense pas que vous vous permettez de plaisanter, sergent?

— Oh! non, sir!

— Votre santé vous donnerait-elle des soucis?

— Pas le moins du monde, sir, je vous remercie.

— Alors, je ne comprends pas? Vous-même soulignez que Callander est un poste excellent, que votre adjoint est parfait... Vous ne vous plaisez plus à Callander?

— J'apprécie énormément cette région, sir, et ce sera un véritable crève-cœur pour moi que d'en partir.

— Eh bien! restez-y!

— Impossible, sir, je ne tiens pas à finir dans un asile psychiatrique vêtu d'une camisole de force!

— Qu'est-ce que vous me chantez là, sergent?

Andrew Copland n'aimait pas ne pas comprendre et quand il ne comprenait pas, il soupçonnait toujours son interlocuteur de se moquer de lui. Son ton se fit plus sec.

— Si vous voulez que je ne vous considère pas

12

comme un mauvais plaisant, McClostaugh, je vous conseille vivement de vous expliquer!

Le sergent s'imposa un visible effort pour raffermir sa voix et réprimer le tremblement qui l'agitait.

— Sir... avez-vous entendu parler d'Imogène McCarthery?

— Imogène McCarthery?... Ce nom me dit quelque chose... Ah! n'est-ce pas cette étonnante personne qui a purgé Callander d'un nid d'espions[1] et, il y a un an ou deux, aidé la police criminelle de Glasgow à élucider un crime demeuré impuni jusqu'alors[2]?

— Exactement, sir... C'est une rouquine infernale! Dès qu'elle apparaît dans notre paisible Callander, il y a des cadavres et tout le monde est en émoi. Mon adjoint Tyler vieillit à chaque fois de plusieurs années et moi, je frôle les limites de la démence! Je ne peux plus la supporter, sir, pas même la voir sans risquer de tomber en convulsions!

Stupéfait, Andrew se rendit compte de la sincérité de son vis-à-vis; ce géant était littéralement secoué par la seule évocation du nom de Miss McCarthery...

— Il y a une chose que je ne saisis pas très bien, sergent... Cette personne que vous semblez redouter si fort n'habite pas à Callander?

— Non, sir. Elle vit à Londres où elle travaille... à l'Amirauté, je crois.

— Alors?

Le ton d'Archibald McClostaugh tourna à l'hystérie.

[1] Voir *Ne vous fâchez pas, Imogène!*
[2] Voir *Imogène est de retour.*

— Alors, elle prend sa retraite, sir! Elle revient s'installer définitivement à Callander! Vous entendez, sir? Dé-fi-ni-ti-ve-ment! On l'attend ces jours-ci... et moi, je préfère m'en aller avant qu'elle n'arrive!

— En somme, vous me demandez la permission de déserter?

— Je ne sais pas... Je ne sais plus, sir... Tout ce que je souhaite, c'est de ne plus me retrouver en sa présence... Je vous en supplie, sir, je ne veux pas devenir fou! Ou commettre un meurtre! Je ne souhaite pas finir pendu, sir!

— Un meurtre?

— Je la tuerai, sir! Je sens que je la tuerai!

Du coup, Andrew Copland, que rien ni personne n'avait jamais pu irriter, s'emporta:

— Taisez-vous!

Son ordre fut lancé avec une telle violence que l'écho en traversa le mur et intrigua les inspecteurs qui travaillaient sur leurs dossiers dans une pièce voisine. Copland, un peu honteux de son manque de sang-froid, reprit plus normalement:

— Taisez-vous sergent! Je ne veux pas avoir entendu ce que vous avez dit. Combien d'années de service avez-vous?

— Vingt-six, sir.

— Et au bout de vingt-six ans, vous fuyez devant une femme?

— Mais quelle femme, sir!...

— Si j'ai bonne mémoire, il ne me semble pas que Miss McCarthery ait été poursuivie pour quoi que ce soit?

— Au contraire, sir, elle a été félicitée.

— Et vous redoutez une bonne citoyenne du Royaume-Uni? Rentrez vite à Callander, sergent

14

McClostaugh, et si vous êtes croyant, adressez une petite prière au ciel pour que j'oublie votre démarche ridicule! Vous pouvez disposer!

Archibald se leva péniblement. Debout, devant le superintendent, il hésitait, partagé entre son angoisse et son sens du devoir, du respect de la discipline.

— Sir?...

— Quoi encore?

— Callander est déjà en effervescence depuis qu'on y a appris son retour définitif...

— Raison supplémentaire pour veiller plus attentivement à l'ordre, sergent, et ne plus quitter votre poste pour des motifs futiles!

McClostaugh remit son casque, joignit les talons, salua et sortit du bureau du superintendent comme les pécheurs condamnés à l'enfer sortiront du céleste tribunal où Dieu le Père jugera leurs bonnes et mauvaises actions.

Dehors, McClostaugh s'en fut s'accouder au parapet dominant la Tay. S'il n'avait éprouvé une aussi profonde aversion à l'égard de l'eau, il se serait peut-être jeté dans la rivière pour n'avoir jamais rien à faire avec l'abominable Ecossaise aux cheveux rouges. Seulement, étant allergique à l'eau, Archibald se dirigea vers le bar *L'Opossum et le Clergyman* qui ouvrait ses portes afin d'y ingurgiter suffisamment de Johnnie Walker pour oublier que Callander bouillonnait en attendant l'arrivée de Miss McCarthery.

Et c'était vrai que Callander commençait à bouillonner en se souvenant d'un passé récent et en spéculant sur un avenir que chacun s'accordait à devoir sortir de l'ordinaire. Lorsque Rosemary Elroy qui, avant de servir de femme de ménage à Imogène, lui avait servi de nourrice à la mort de sa mère, avertit son époux Léonard du prochain retour de Miss McCarthery au pays pour y vivre le reste de ses jours, le bonhomme communiqua la nouvelle à son vieux copain Fergus McIntyre, le garde-pêche, et par ce dernier on fut vite au courant au *Fier Highlander* où Ted Boolitt, le patron, offrit une tournée à ses clients du moment pour célébrer l'événement, tandis que sa femme Margaret, enfumée dans sa cuisine, menaçait Dieu de se faire papiste si la maudite Imogène semait encore le trouble et la zizanie dans les honnêtes ménages de Callander.

Quand il sut la chose, Jefferson McPuntish, propriétaire de l'hôtel du *Cygne Noir,* envisagea de vendre à perte son établissement. Elisabeth McGrew, l'épicière, avertit solennellement son mari William que s'il se permettait la moindre familiarité envers la rouquine, elle se suiciderait aussitôt et sous ses yeux! McGrew répondit à sa femme qu'elle serait bien inspirée de ne pas le tenter. Dès qu'on les eut prévenues, Mrs. Plury, Mrs. Frazer et Mrs. Sharpe se précipitèrent chez le révérend Haquarson et le saint homme commit le péché mortel de douter de la bonté particulière de l'Eternel envers l'Ecosse en général et Callander en particulier. Quant au docteur Elscott, on lui révéla la prochaine venue de Miss McCarthery alors qu'il se trouvait au chevet de Mrs. Eleanor Murray souffrant d'une bronchite tenace. Le médecin en fut si troublé qu'il prit le pouls de Jason, le mari de la malade, au lieu de prendre celui de sa femme. Depuis lors, les Murray le soupçonnèrent de ne pas exercer son métier très sérieusement.

Inquiet, le constable Samuel Tyler ne cessait d'arpenter Callander dans tous les sens pour surveiller la montée de la fièvre. Si, comme son supérieur direct, Samuel redoutait les hypothétiques initiatives d'Imogène, il ne pouvait s'empêcher d'éprouver une solide affection à son endroit. Ils étaient, elle et lui, à peu près du même âge et avaient joué ensemble dans leur jeunesse tandis que McClostaugh n'était, après tout, qu'un étranger venu des Lowlands. Et Tyler avait si souvent aidé le capitaine McCarthery, père d'Imogène, à réintégrer sa maison lorsque le whisky lui brouillait l'entendement au point de le rendre incapable de retrouver son chemin... Ce sont là des souvenirs qui attachent... Le constable prêtait l'oreille aux conversations, notait les remarques, répondait de façon évasive aux questions qu'on lui posait et, finalement, concluait que rien n'avait changé. Les amis de Miss McCarthery lui demeuraient fidèles tandis que ses ennemis ne désarmaient pas.

Pendant que les esprits s'agitaient à Callander, la cause de cet énervement, Imogène McCarthery, s'apprêtait à quitter son petit appartement de Paulton's Street, dans Chelsea, pour sa dernière visite à l'Amirauté afin d'y prendre congé de ses collègues. Malles faites, valises bouclées, la chambre prenait cet air funèbre des pièces inhabitées. Imogène se sentait le cœur un peu gros. C'est toujours dur de rompre avec des habitudes vieilles de plus qu'un quart de siècle. Elle avait gardé pour le dernier instant la tâche de ranger soigneusement dans son gros fourre-tout qu'elle garderait avec elle, la photographie de feu son père — le capitaine Henry-James-Herbert McCarthery, ex-capitaine de l'Armée des Indes — celle de l'inspecteur Douglas Skinner, mort en service commandé, et qui aurait dû devenir son époux, enfin la gravure représentant son héros favori, Robert Bruce, à la veille de la bataille de Bannockburn. Ayant enfoui ses dieux lares parmi les lainages afin qu'ils ne subissent aucun dommage par suite des aléas du voyage, Imogène se redressa et, se regardant dans la glace, estima qu'elle n'avait pratiquement pas changé depuis le jour lointain où elle avait couché pour la première fois dans cet appartement. Toujours aussi plate par-devant que par-derrière, elle n'avait pas perdu un pouce de sa taille et ses cheveux rouges se refusaient à tourner au gris. Mais, quoi! le règlement est le règlement. La Couronne croyait pouvoir se passer désormais des services de Miss McCarthery? Grand bien lui fasse! D'ailleurs, comment pourrait-on s'étonner de l'ineptie des lois inventées par des Anglais?

Pour la dernière fois, Imogène referma derrière elle la porte de son appartement afin d'effectuer le trajet qu'elle avait couvert, jour après jour, vingt-cinq années de suite, même pendant la guerre. Au bas de l'escalier, sa propriétaire, Mrs. Horner, la guettait. Les deux femmes, brouillées pendant les hostilités, avaient rivalisé de courage durant le blitz pour ne pas céder le pas l'une à l'autre. Elles ne s'étaient réconciliées qu'après la victoire.

— Comment allez-vous, Mrs. Horner?

— Comment allez-vous, Miss McCarthery?

Et Mrs. Horner éclata en sanglots. Emue, l'Ecossaise lui tapota affectueusement l'omoplate.

— Allons, allons, Mrs Horner... qu'est-ce qui vous arrive?

Reniflant, l'Anglaise hoqueta:

— J'ai de la peine à l'idée de ne plus vous voir...

18

On ne s'entendait pas toujours, mais je vous estimais, Miss...

— Moi aussi, Marjorie...

Pour la première fois, l'Ecossaise appelait la propriétaire par son prénom. Celle-ci en fut encore plus profondément bouleversée et jura à Imogène qu'elle ne l'oublierait jamais. Elle se demandait comment même elle s'y prendrait pour continuer à vivre normalement en ne rencontrant plus matin et soir sa locataire...

— Calmez-vous, Marjorie... Vous viendrez me rendre visite à Callander; vous vous y reposerez et nous pourrons parler du bon vieux temps.

Apaisée par cette perspective, Mrs. Horner parut reprendre goût à la vie et, pour assurer son complet rétablissement moral, elle invita Imogène à venir chez elle boire une goutte de gin, ce que l'Ecossaise ne crut pas devoir refuser.

A *L'Opossum et le Clergyman*, Archibald McClostaugh, déjà sérieusement imbibé, prenait le patron du bar pour confident de ses angoisses à l'idée du retour définitif, dé-fi-ni-tif, d'Imogène McCarthery, à Callander. Le tenancier commença par enlever la bouteille de whisky avant de dire:

— Si vous désirez connaître mon opinion, sergent, je vous conseillerais de renoncer au whisky pendant un certain temps, juste pour vous désintoxiquer.

Tant d'incompréhension écœura Archibald.

— Mais vous ne comprenez donc pas que cette femme, avec ses cheveux rouges, c'est une diablesse? Qu'elle me torture nuit et jour? Qu'elle veut me faire enfermer?

Le patron hocha la tête avec tristesse et McClostaugh, complètement dégoûté, régla ce qu'il avait bu et fila prendre son train, se répétant que l'homme serait toujours un loup pour l'homme et qu'il était bien vain pour un honnête sergent de Sa Gracieuse Majesté d'attendre le moindre réconfort de ses semblables. Le propriétaire de *L'Oppossum et le Clergyman* — Reginald Horsburg — confia à un de ses plus vieux habitués:

— Vous me croirez, je l'espère, Harold, si je vous dis qu'en trente ans de métier j'ai rencontré toutes sortes d'ivrognes en proie à toutes sortes de hantises. D'habitude, ils voient des bêtes leur courir sur le corps ou bien ils distinguent des éléphants roses ou des souris bleues, mais c'est la première fois qu'il m'est donné d'en entendre un qui voit des femmes à cheveux rouges...

Après avoir bu le gin, Mrs. Horner n'entendit point laisser partir sa chère Ecossaise et l'invita à un lunch des plus sommaires mais offert de la meilleure grâce du monde. Les deux femmes mangèrent donc en tête à tête, tout en vidant force verres de bière qui les mirent de bonne humeur. On entendit l'écho de leurs rires jusque dans la rue, ce qui ne manqua pas de surprendre et de choquer de la part de personnes aussi respectables. A deux heures, ayant remercié son hôtesse pour sa généreuse hospitalité, Miss McCarthery emprunta une fois encore le trajet habituel la menant à l'Amirauté.

Lorsqu'elle entra dans son bureau personnel à l'Amirauté, Imogène découvrit une profusion de fleurs dont les bouquets étaient ceints de rubans écossais aux couleurs du clan des McGregor, son clan. Touchée aux larmes par cette gentille attention, Imogène pénétra dans la vaste pièce où travaillaient ses sous-ordres dont elle avait vu arriver la plupart, jeunes et pétulantes, et qu'elle quittait dames mûres, certaines avec les cheveux gris et la couperose apparente. A son entrée, elles se levèrent et entonnèrent le vieux chant: *Ce n'est qu'un au revoir...* Attiré par le bruit, le chef de service, Aneurin Archtaft, le Gallois, qui s'était si souvent querellé avec l'Ecossaise et qui, lui-même, prendrait sa retraite un an plus tard, se montra. Il se gratta un peu la gorge, car même après vingt-cinq années passées auprès d'elle, Imogène continuait à l'intimider. Au nom de tout le personnel de son service, il lui adressa un gentil discours où il lui dit l'affection de tous en dépit de son fichu caractère et de son obstination à considérer les Anglais, les Gallois et les Irlandais pour des races arriérées. Il lui rappela en quelques mots leurs disputes d'autrefois et sut amuser les nouvelles venues ne connaissant la saga d'Imogène McCarthery que par ouï-dire. En souvenir, il lui remit une très jolie statuette en ivoire de Marie Stuart. L'Ecossaise sentit sa gorge se serrer mais elle se refusait à montrer de la faiblesse devant ces Anglaises et ce Gallois. Lorsque ce fut à son tour de prendre la parole pour les remercier, elle commença par remarquer que pour un Gallois, Aneurin Archtaft s'exprimait bien. On rit, mais quand elle fit allusion aux années vécues dans les bureaux de l'amirauté, elle ne put retenir ses larmes. On la consola et Janice Archtaft remarqua gentiment:

— Qui aurait cru, jadis, que vous pleureriez lorsqu'il vous faudrait quitter l'Angleterre pour regagner votre Ecosse?

Retrouvant sa superbe, Miss McCarthery répliqua:

— On a bien le droit d'avoir de la peine à la perspective de quitter définitivement une colonie où l'on a passé trente-cinq ans de sa vie, non?

William McGrew, l'épicier, tenait Sam Tyler coincé dans l'angle que faisait sa maison et celle de Mrs. Pinkerton, la mercière, et lui assurait:

— Dommage que vous soyez de service, Sam, j'aurais eu plaisir à vous offrir un whisky ou un gin!

— Pourquoi? C'est votre fête? Votre anniversaire?

William, homme paisible, que seule sa femme Elisabeth parvenait à mettre en colère, secoua la tête.

— Rien de tout cela, Sam... Mais j'ai appris la plus merveilleuse nouvelle du monde: Imogène McCarthery revient pour toujours au pays!

— Et alors?

— Comment ça, et alors? J'envisageai, non sans inquiétude, l'obligation de vieillir au côté de Mrs. MacGrew qui ne s'améliore pas en vieillissant, vous pouvez m'en croire, mais le retour de notre Imogène change tout!

— Pourquoi?

— Mais parce qu'avec elle, mon vieux, on est sûr qu'il se passera toujours quelque chose et que l'existence à Callander cessera d'être monotone!

C'était bien justement ce que Samuel Tyler redoutait.

Ses cadeaux sous le bras, Imogène s'apprêtait, le cœur un peu gros, à quitter l'Amirauté, lorsqu'on la prévint que sir David Woolish l'attendait. Flattée que l'un des grands patrons tînt à lui souhaiter une retraite paisible, Miss McCarthery gagna le bureau de sir David où elle fut tout de suite introduite.

— J'apprends, Miss McCarthery, que vous nous abandonnez?

— Pas de mon plein gré, sir, mais le règlement...

— Je ne puis croire que vous soyez atteinte par la limite d'âge?

— Je ne le crois pas non plus, sir, et pourtant...

— Vous vous retirez à Callander?

— Mon pays natal, sir. Je prends le train ce soir-même.

— Nous vous regretterons, Miss McÇarthery...

— Merci, sir... de mon côté...

Mais elle ne put en dire davantage et perdit toute dignité au point de sangloter devant un Anglais. Sir David Woolish, attendri, la réconforta de son mieux:

— Je vous comprends, Miss McCarthery... mais, hélas! nous sommes tous soumis aux mêmes lois. Je reconnais que pour quelques-uns, c'est absurde de les contraindre à l'inactivité alors qu'ils sont en pleine possession de tous leurs moyens...

Plus encore que les paroles consolatrices du grand patron, l'idée de ce que pouvaient penser son père ou, remontant plus haut dans le temps, Robert Bruce, en la voyant en si piteuse posture, la revigora et lui rendit son empire sur elle-même.

— Je vous prie de m'excuser, sir, pour cet instant de faiblesse dont je suis honteuse, mais, cependant, c'est le premier en vingt-cinq ans de service! J'espère que vous aurez la bonté de l'oublier...

Woolish sourit.

— Indomptable Miss McCarthery... Ah! si tout le Royaume-Uni était peuplé de gens comme vous, nous serions encore la première nation du monde!

— Permettez-moi de penser, sir, que si Bonnie Prince Charlie n'avait pas été vaincu à Culloden...

— Les Ecossais auraient su conserver au Royaume-Uni cette première place?

— J'en suis persuadée, sir!

Sir David rit franchement.

— Surtout, ne changez jamais, Miss McCarthery!
Restez telle que vous êtes...

— Il n'y a pas de raison pour que je change, sir.

— C'est exact... Je vous ai priée de venir me voir,
Miss, non seulement pour vous offrir mes vœux de
bonne santé, mais aussi pour vous demander si, le
cas échéant, nous pourrions encore compter sur vous
en vue de nous rendre quelques services du genre de
celui que vous nous avez rendu il y a quelques années à propos du vol du B-128 [1]?

Le cœur d'Imogène se mit à battre la chamade.

— Vous voulez dire... pour lutter contre les espions.

— C'est exactement ce que je veux dire.

— Oh! oui!

— J'étais certain que vous accepteriez... Je vais
vous prier de retenir un numéro de téléphone...
FRE 99-99... c'est là qu'habite Mr. Sweeney... James
Sweeney. Si, pour une raison ou pour une autre,
vous aviez besoin d'entrer en communication avec
moi, vous téléphoneriez à ce James Sweeney pour
lui apprendre que vous souhaiteriez parler à son
père. Je me porterai alors en ligne... Vous ne pro-
noncerez pas de nom... Vous annoncerez simplement
que c'est Imogène qui parle et je répondrai: « Ici
Charles, je vous écoute... » C'est bien compris? Bien
enregistré?

Contrairement à ce qui a lieu d'ordinaire pour
ceux qui partent à la retraite, Imogène McCarthery
parut — aux gens qui eurent l'occasion de la voir ce
soir-là — rajeunie de dix ans. Mrs. Horner elle-même
n'en crut pas ses yeux et ne put que s'exclamer:

[1] *Ne vous fâchez pas, Imogène!*

24

— Bonté divine! Que vous arrive-t-il, Miss McCarthery?

L'Ecossaise rugit plus qu'elle ne dit:

— Rien n'est fini! Tout recommence! Mrs Horner, apprêtez-vous! Mon train ne partant qu'à 10 h 30, nous allons porter mes valises jusqu'à la consigne de la gare de Euston, puis je vous emmènerai dîner dans un restaurant écossais de Bloomsbury où l'on sait préparer la cuisine des Highlands.

Marjorie Horner accepta d'enthousiasme mais tint absolument à ce que sa chère Imogène l'aidât à terminer son flacon de gin avant de se retirer pour se changer.

Elles firent l'une et l'autre honneur au repas. Elles commencèrent par un *fish custard* (des filets de haddock servis avec un lait de poule, un zeste de citron), continuèrent par un *Kiker's Hot Pot* où se mélangeaient hardiment un jarret de veau, des saucisses de porc, des tomates, des pommes de terre, des pommes, des oignons, du sel et du poivre, et terminèrent par un *Granny's Loaf*, extraordinaire amalgame de farine, de sucre, de beurre, de raisins de Smyrne, d'œufs, de clous de girofle, de graines de carvi, de cannelle, de lait et de bicarbonate de soude qu'il est matériellement impossible à un être humain de digérer s'il n'est pas né au-delà de l'embouchure de la Tweed. Mrs. Horner, qui avait vu le jour à Leeds, faillit en trépasser et on dut lui entonner une demi-pinte de whisky pour la ranimer.

Dans le milieu de ce même après-midi, le sergent Archibald McClostaugh descendit du train qui, de Perth, l'avait ramené à Callander. En bon Ecossais, Archie était capable de s'enivrer et de se désenivrer à une vitesse incroyable. Ayant piqué un somme réparateur dans le wagon, il entra au poste de police dans un état de fraîcheur assez remarquable et prêt, si l'occasion s'en présentait, à boire encore une bouteille d'alcool avant de se mettre à table pour le dîner. Samuel Tyler, qui revenait d'une de ses nombreuses tournées, l'accueillit avec soulagement.

— Ah! chef, je suis content que vous soyez là...

— Merci, Tyler.

— Bon voyage, chef?

— Non, Samuel... non! Je suis tombé sur un superintendent sans pitié et incompréhensif!

— Cependant, Andrew Copland passe depuis toujours pour un homme aimable?

— C'est un cynique! Et pourtant, hein, Tyler, qu'est-ce que je lui demandais? Simplement de m'affecter dans une autre ville ou d'accepter ma mise à la retraite anticipée! Qu'est-ce que ça pouvait bien lui faire d'agréer ma requête?

Incrédule, le constable s'exclama:

— Vous vouliez nous quitter, chef? Ce n'est pas vrai?

— Si, Samuel, tout ce qu'il y a de plus vrai!

— Mais pourquoi?

Archibald ôta son casque, dégrafa sa tunique et se laissa tomber sur son fauteuil où se prenant les cheveux à pleines mains, il se mit à gémir:

— Parce que je ne veux plus voir Imogène McCarthery! Parce que je ne tiens pas à mourir sous la camisole de force! Parce que je ne souhaite pas être pendu pour meurtre!

Le constable n'en revenait pas.

— Pendu? Mais, pourquoi diable! seriez-vous pendu chef? Qui donc avez-vous l'intention d'assassiner?

26

McClostaugh se dressa et d'une voix caverneuse où bruissait un monde de rancunes entassées et qui, soudain, prenaient leur vol:

— Imogène McCarthery!

Puis, il se laissa de nouveau retomber sur son fauteuil où il se mit à marmonner des phrases incompréhensibles qui effrayèrent le bon Samuel. Inquiet, il s'enquit:

— Chef, que diriez-vous d'un petit whisky?

— Vous me l'offrez?

Tyler ne pouvait plus reculer mais il constata avec dépit que ce genre de phrases perçait facilement le désarroi mental de son supérieur. Avec une grimace, il constata:

— Bien sûr, chef...

Cette offre inhabituelle parut rendre à McClostaugh la complète maîtrise de ses esprits. Sam revint avec deux verres d'alcool et trinqua avec Archie qui avala sa rasade d'un seul coup. Mélancolique, le sergent tourna entre ses doigts le récipient vide avant de remarquer:

— Ce n'est pas pour vous le reprocher, Tyler, mais vous auriez pu — tant qu'à faire — prendre des doubles whiskies; ces générosités qui restent à mi-chemin de la prodigalité et de l'avarice ne sont pas dignes d'un constable de Sa Très Gracieuse Majesté. Je regrette de vous le dire, Sam...

— Je vous comprends, chef, et je suis sûr que vous allez me donner un exemple que je me sens tout disposé à admirer et à imiter le cas échéant!

Chose curieuse, Archibald retomba immédiatement dans l'affliction qui était la sienne avant qu'il n'ait bu son whisky et, très visiblement, n'entendit pas la proposition de son subordonné. Il égrena toutes les misères qui l'attendaient avec la présence d'Imogène à Callander et, se dressant de toute sa taille, déclara d'une voix solennelle:

— C'est dans des heures aussi difficiles, Sam, qu'on se rend compte de ce qu'est une amitié vraie. Nous ne serons pas trop de deux pour faire front à ce qui nous menace. Je n'oublierai jamais ce whisky que vous m'avez offert en de pareilles circonstances et je trouve grandiose de votre part, mon bon Tyler, de tenir absolument à m'en offrir un second!

Le constable sursauta:

— Mais, il n'en a jamais été question, chef!

— Vraiment? Je croyais avoir entendu...

— Une erreur, chef... une simple erreur!...

— Je me disais aussi, cette générosité ne ressemble guère à Samuel Tyler qui est bien le plus avare des Ecossais de tous les Highlands!

— Il semble que sur ce point, un natif des Lowlands que je connais me dépasse de plusieurs longueurs!

— Tyler!

— Chef?

— Est-ce à moi que vous vous permettriez de faire allusion?

— Je vous laisse le soin d'en juger, chef!

L'affaire menaçait de très mal tourner lorsque Mrs. Elroy se présenta. Samuel, qui la connaissait depuis toujours, la salua familièrement:

— Hello! Rosemary, rien de grave, j'espère?

— Non, au contraire!

Les deux policiers la regardèrent avec étonnement. Elle prit son temps, toute fière d'apporter une nouvelle à sensation, puis leva un doigt prophétique.

— Miss McCarthery arrive demain matin...

Un long gémissement poussé par le sergent Mc-Clostaugh résonna en écho à cette annonce tandis que le constable murmurait:

— Déjà?

Mrs. Elroy les examina curieusement.

— Qu'est-ce qui vous prend à tous les deux?

Archibald sauta de sa chaise.

— Ce qui nous prend? Vous osez, Mrs. Elroy, nous demander ce qui nous prend? Auriez-vous donc perdu la mémoire de tout ce que cette damnée Imogène McCarthery nous a infligé?

— Justement... Je suis venue vous dire qu'elle n'était plus la même...

— Plus la même?

Rosemary Elroy secoua la tête:

— Plus la même, non, gentlemen... et même, si vous tenez à connaître le fond de ma pensée, je crains qu'Imogène ne soit malade...

Le sergent poussa un soupir qui fit voleter les mèches grises de Mrs. Elroy et le constable, empressé, offrit une chaise à la vieille femme.

— Tenez, remettez-vous, Mrs. Rosemary... Alors, comme ça, Miss Imogène aurait perdu de... de sa flamme?

— Perdu de sa flamme, mon pauvre Sam? Dites plutôt qu'elle est complètement éteinte, oui!

Archibald feignit de compatir et, plein d'hypocrisie!

— A ce point-là, chère Mrs. Elroy?

— Elle m'a écrit pour me confier qu'elle avait profondément changé... qu'elle ressentait les premières atteintes de l'âge... qu'elle n'aspirait plus qu'à finir ses jours dans la quiétude... qu'elle espérait que ses vieux amis de Callander comprendraient qu'on

ne saurait être et avoir été... qu'il y a un temps pour
tout et, bref, qu'elle leur serait reconnaissante de ne
point lui prêter plus d'attention qu'à n'importe quelle
autre personne de Callander. D'ailleurs, pour éviter
toute manifestation que d'avance elle jugerait dépla-
cée, Miss McCarthery descendra du train à Stirling
et se fera conduire en voiture jusque chez elle où
elle se retirera discrètement. Elle me demande de l'y
attendre.

Après l'étonnante déclaration de Mrs Elroy, le
silence régna dans le bureau. Ce fut Tyler qui le
rompit en déclarant d'une voix brisée:

— J'étais sûr qu'un moment viendrait où Miss
Imogène se montrerait sous son meilleur jour...

Grave, McClostaugh approuva:

— Je vous remercie de votre démarche, Mrs Elroy.
Quand vous verrez Miss McCarthery, dites-lui de ma
part que j'ai tout oublié des différends qui nous
opposèrent jadis et qu'elle peut désormais compter
sur ma protection particulière. Dites-lui aussi que je
la remercie de me laisser m'acheminer vers la retraite
sans risquer le coup de sang!

Tous trois se turent, conscients qu'ils vivaient un
tournant de l'histoire de Callander puis, cérémonieu-
sement reconduite par le sergent et le constable,
Mrs Elroy s'en fut porter la nouvelle dans la petite
ville.

Lorsque les policiers se retrouvèrent seuls, Archibald McClostaugh prit le bras de son subordonné et
d'un ton extatique:

— Samuel!... Voici, sans conteste, un des plus
beaux soirs de mon existence! Il faut que nous fêtions
ça!

En Ecossais prudent et ménager de ses deniers, Tyler protesta:

— Je n'ai pas pris d'argent, chef, et...

Le sergent lui asséna un regard lourd de reproche avant de déclarer:

— Chez nous, dans ces Lowlands que vous feignez de mépriser, vous autres, gens de hautes terres, quand nous convions un ami, ce n'est pas pour lui refiler l'addition!

Un peu honteux, le constable baissa la tête tandis qu'Archibald, ouvrant son armoire, retirait de derrière une pile de dossiers une bouteille de « Black and White « intacte. Tyler en béa d'admiration et d'étonnement. McClostaugh déboucha le flacon, remplit deux verres à ras bord et les deux hommes s'étant porté mutuellement un toast à leur santé respective, les vidèrent d'un élan. De fameux buveurs, dans une forme magnifique due à un entraînement obstinément poursuivi depuis près d'un demi-siècle. Le sergent, que l'alcool emplissait d'une douce euphorie, passa son bras autour du cou de Tyler un peu surpris.

— Sam... je vous aime bien... Vous avez beau être né dans le nord, vous êtes un chic type et je veux faire quelque chose pour vous!

Le constable, touché par cette marque d'amitié, songea à une prime exceptionnelle, à une proposition d'avancement qui lui donnerait droit à une retraite plus confortable, à une médaille...

— Et savez-vous ce que je vais faire pour vous, cher vieux Samuel?

— Non, chef, mais d'avance, je vous en remercie!

— Je suis heureux que vous ne soyez pas ingrat, Sam! Je veux vous apprendre à jouer aux échecs! Asseyez-vous!

Effondré, le constable n'eut pas la force de réagir. Jusqu'alors, il était parvenu à échapper à la passion de McClostaugh pour les échecs mais, cette fois, il était bel et bien coincé. Au bout d'une demi-heure, les deux amis ayant vidé la bouteille de whisky ne distinguaient plus très bien les cases blanches des noires, leurs propres pions de ceux de l'adversaire, ce qui amenait des combinaisons extraordinaires et des offensives mélangeant attaquants et attaqués. Cependant, avec cette belle obstination des gens pris de boisson, ils poursuivaient le développement d'une stratégie idéale où les ennemis se prêtaient mutuellement main-forte pour s'encercler eux-mêmes. Finalement, McClostaugh s'étant emparé de son propre roi avec sa propre dame se déclara échec et mat, s'affirma fier d'avoir découvert en la personne de son adjoint un joueur-né et pronostiqua que Samuel serait l'orgueil de Callander! Sur cette prophétie, Archibald McClostaugh piqua une tête sur l'échiquier et s'endormit, ensevelissant la plupart des pions sous sa barbe déployée en éventail et Tyler, les yeux ronds songea à l'armée du Pharaon engloutie dans les flots de la mer Rouge!

Lorsque Callander, par les soins de Mrs Elroy, sut la transformation d'Imogène, il sembla à plus d'un observateur impartial qu'un voile de tristesse s'abattait sur la ville, tristesse où perçait la joie méchante des adversaires de celle qui avait été l'indomptable Miss McCarthery. Des hommes comme William McGrew, l'épicier, ou Ted Boolitt, du *Fier Highlander*, ou bien encore Peter Cornway, le coroner-menuisier, refusèrent d'ajouter foi à la chose mais, manquant d'arguments pour soutenir leur cause, ils durent, la

rage au cœur, regarder triompher Elizabeth Mc-
Grew, Margaret Boolitt et ces trois bonnes femmes,
Mrs. Plury, Mrs. Frazer et Mrs. Sharpe qu'Imogène
avait réduites à merci, jadis [1].

Au bar du *Fier Highlander,* pour ne pas peiner
Ted, les habitués évitaient de parler de la nouvelle
du jour qui éclipsait pourtant le match retour que
Callander devait livrer le samedi suivant à l'équipe
de Doune. Mais Ted, bien qu'il gagnât sa vie en ven-
dant de la bière et des alcools, était un gentleman.
Il sentit la contrainte que ses amis s'imposaient et
il en fut touché. Il avala son vingt-troisième petit
verre de gin de la journée et, s'étant longuement
raclé la gorge, annonça:

— Gentlemen!...

Tous les consommateurs se turent.

— Gentlemen, je vous suis reconnaissant de
n'avoir point fait allusion à la nouvelle bouleversante
de ce soir et que les mieux informés affirment tenir
de Mrs. Elroy elle-même. Nous connaissons tous la
vieille Rosemary et son dévouement maternel pour
Miss McCarthery. Il ne nous est donc pas possible de
mettre en doute ce qu'elle a raconté. Il importe de
nous faire une raison. L'âge, vraisemblablement, a
abattu la fierté de notre Imogène et aussi, à mon
idée son trop long séjour chez les Anglais. Au contact
de ces gens-là, un bon Ecossais ou une véritable
Ecossaise ne saurait s'améliorer. Ayons donc le courage de voir les choses en face, pour si dur que cela
nous soit. Notre Imogène n'est plus... D'accord, mais
ce n'est pas une raison pour oublier ce qu'elle fut?

[1] *Imogène est de retour.*

Des approbations chaleureuses montèrent de tous les coins de la salle.

— J'espère que Miss McCarthery m'honorera encore de sa clientèle et si vous le voulez bien, nous la traiterons comme une vieille amie devant qui on évite de rappeler le passé pour ne pas lui faire sentir sa déchéance...

Boolitt, la gorge serrée, eut de la peine à terminer son speech que chacun s'accorda à juger d'excellente qualité. Keith McCallum résuma la situation :

— C'est comme un soldat qui aurait été mis chez les invalides de Chelsea.

Ted approuva :

— Exactement, Keith, et il ne viendrait à l'esprit de personne de reprocher à ces vieux braves de n'être plus ce qu'ils étaient, hein ?

Dans le train quittant la gare de Euston, Imogène finissait de s'installer pour passer une nuit pas trop inconfortable. Sa robuste vitalité l'empêchait d'être le moins du monde incommodée par la nourriture absorbée et le whisky; de plus, la promesse de sir David Woolish l'avait rajeunie de dix ans. Elle se persuadait facilement qu'elle ne partait pas en retraite mais bien qu'elle s'en allait occuper un poste plus dangereux. Elle sourit en pensant à sa dépression des jours précédents qui l'avait poussée à écrire une lettre absurde à Mrs Elroy. Elle surprendrait les gens de Callander en débarquant le talon haut, la tête dressée et prête à s'empoigner du premier moment avec ce monstrueux imbécile d'Archibald McClostaugh! Puis, au fur et à mesure que le balancement du train assoupissait ses muscles et ses humeurs, Imogène se demanda s'il ne serait pas plus

34

sage — afin de tromper d'hypothétiques espions —
de laisser croire à son abdication volontaire! A travers son personnage de vieille demoiselle fatiguée et
revenue de toutes les illusions, qui songerait, le cas
échéant, à la soupçonner d'agir?

Par pudeur envers un passé qu'on respectait et
regrettait tout ensemble, par amitié à l'égard de Ted
Boolitt, les clients du *Fier Highlander* cessèrent de
parler d'Imogène McCarthery pour ne plus s'occuper que du match de rugby qui devait opposer
l'équipe voisine de Doune à la leur, commandée par
Harold McCallum.

Le match qui, deux fois par an, voyait s'affronter
Callander et Doune dans chacune de ces deux petites
villes, était devenu une sorte de moment-phare de
l'année pour leurs habitants. Ils y attachaient on ne
sait quel sot amour-propre et une défaite les ulcérait
alors qu'une victoire les poussait à se prendre pour
des gens extraordinaires. Très vite, ces compétitions
sportives avaient dégénéré en véritables batailles à
l'issue desquelles les voitures d'ambulances emme-
naient de pleins chargements de joueurs et de spectateurs. Pour arbitrer, la Ligue désignait générale-
ment des débutants car les arbitres chevronnés
auraient tous préféré rendre leur sifflet plutôt que de
venir exercer leur talent sur les terrains de Doune
ou de Callander. C'était un peu le combat des Horace
et des Curiace qui recommençait à chaque fois. On
usait de toutes les ruses — même les moins nobles —
pour s'assurer l'avantage sur l'adversaire. Or, le
malheur — pour Callander — voulait que l'équipe
rivale jouât beaucoup mieux que la sienne composée
de garçons solides, courageux mais n'ayant que

des notions très sommaires des règles du rugby.

Entouré de ses supporters au premier rang desquels son père Keith menait le chœur des admirateurs, Harold McCallum jurait qu'il mourrait sur le terrain plutôt que de ne pas tirer une vengeance exemplaire de l'arrière de Doune — Peter Lymburn — qui, lors de la précédente rencontre, au cours d'un plaquage lui avait à moitié arraché une oreille. On l'approuva, oubliant que ce même Harold avait si sauvagement mordu un avant en mêlée qu'on dut lui faire une piqûre antitétanique. A Doune comme à Callander, on se préparait à une confrontation qui serait chaude.

Imogène McCarthery se réveilla dans le milieu de l'après-midi. Elle reprit pied dans un silence qui, d'abord, désorienta la Londonnienne qu'elle avait été si longtemps. Son esprit embaumé mit un certain temps à recomposer les étapes du voyage nocturne et matinal qui l'avait amenée de la gare de Euston à celle d'Edimbourg, puis à celle de Stirling avant qu'une auto particulière ne la déposât devant sa porte au petit matin. En dépit de l'heure, Mrs Eloy l'attendait. Les deux femmes s'étreignirent longuement, contentes de se retrouver, un peu émues aussi à l'idée que, désormais, elles ne se quitteraient que pour conduire au cimetière la première des deux qui disparaîtrait. Rosemary avait obligé Imogène à prendre un solide breakfast et tenu à la border elle-même lorsque Miss McCarthery se fut couchée. Quand elle était la proie de ses souvenirs, Mrs. Elroy oubliait que son bébé de jadis avait largement dépassé la cinquantaine.

Rosemary Elroy se trouvait là quand Imogène ouvrit les yeux et elle se hâta de préparer un thé réconfortant. Miss McCarthery, ayant passé sa robe de chambre, finissait de se restaurer lorsque résonna la clochette du jardin. La vieille femme écarta le rideau de la fenêtre et annonça qu'elle reconnaissait parfaitement Tyler et McClostaugh. Imogène manqua en avaler de travers sa dernière bouchée de cake.

— Les voila déjà, ces deux clowns? Ils ne me laissent même pas le temps de respirer!

Mrs. Elroy hocha la tête:

— Je ne pense pas qu'ils viennent avec de mauvaises intentions, Miss Imogène... Hier soir, quand je leur ai dit que vous aviez décidé de mener une existence tranquille et discrète, ils ont paru tout retournés, surtout McClostaugh...

— Retournés?

— Dame! Après ce que vous leur avez fait endurer!... Ils avaient du mal à me croire et, à mon avis, ils s'amènent pour se rendre compte si je leur ai pas menti...

La grande Ecossaise estima qu'elle ne devait pas laisser passer cette occasion de jouer le nouveau personnage qu'elle prétendait être devenue; ainsi, personne ne se méfierait plus d'elle, et si David Woolish avait recours à ses services un jour nul ne la soupçonnerait d'une activité clandestine. Elle se drapa dans sa robe de chambre dont elle ferma étroitement le col et se mit sur le canapé avec un plaid sur les genoux, affectant une pose alanguie; puis elle envoya sa vieille amie chercher les policiers.

Au premier coup d'œil, le sergent comprit que l'Imogène devant laquelle il se trouvait n'avait plus rien de commun avec celle dont il gardait un souvenir épouvantable. Quant à Tyler, il n'en revenait pas qu'on pût changer aussi vite. Il en éprouvait une profonde tristesse. McClostaugh expliqua qu'il venait avec son adjoint présenter ses devoirs à la nouvelle citoyenne de Callander. L'hypocrisie d'Archibald n'avait d'égale que celle de Miss MacCarthery le remerciant d'une voix un peu sourde. Seuls, Mrs. Elroy et Tyler étaient sincères et le constable prit avec empressement la main que l'Ecossaise lui tendait, en l'assurant qu'il était bougrement heureux de la revoir et qu'il comptait sur l'air vivifiant du pays natal pour la remettre d'aplomb au plus vite.

— Merci, Samuel... Merci, McClostaugh... Nulle autre visite plus que la vôtre ne pouvait me faire davantage plaisir... Nous avons eu des différends autrefois...

Archibald, ruisselant de gentillesse, de compréhension, protesta:

— Je vous en prie, Miss...

— Si, si... Je vous ai mis souvent dans des situations difficiles tous deux et j'en éprouve quelque remords...

Tyler, au bord des larmes, avait l'impression d'entendre une mourante se confesser. Il gémit presque:

— Il ne faut pas, Miss Imogène, il ne faut pas! Nous avons commis notre part de bêtises, nous aussi!

Le sergent estima que son constable y allait un peu fort et il chuchota:

— Parlez donc en votre nom, Tyler, et seulement en votre nom!

Mais Miss McCarthery poursuivait:

— Il est vrai que celle qui a pris ces initiatives — qui ont, d'ailleurs, abouti à d'excellents résultats et cela, j'espère que vous vous le rappelez, mes amis? — m'est devenue fort étrangère... Un peu comme une sœur cadette que j'aurais quittée pour suivre mon chemin... Vous me permettrez de penser à elle avec tendresse et un peu de mélancolie?

Il y avait vraiment bien longtemps qu'Archibald McClostaugh ne s'était senti en proie à une émotion aussi distinguée. Il déclara d'un ton pénétré:

— Jamais nous n'oublierons celle qui fut la gloire de Callander!

Mutine, Imogène ajouta:

— Et aussi un peu son cauchemar?

Galant, le sergent s'inclina:

— Si peu... Allons, Tyler, j'estime qu'il est temps de nous retirer maintenant que nous avons assuré Miss McCarthery de notre dévouement.

Tyler avait la gorge trop pleine de sanglots pour prononcer un seul mot. Il se contenta d'une inclinaison de tête et suivit son chef que Rosemary Elroy précédait. Dès qu'elle fut seule, Imogène se précipita dans sa chambre, ouvrit sa valise et but une bonne rasade à la bouteille de whisky qu'elle avait achetée la veille, à Londres, pour pallier les fatigues du voyage.

Le constable et le sergent redescendaient vers Callender sous le coup de la scène qu'ils venaient de vivre. Avoir revu Imogène leur remettait le passé en mémoire. Enfin, Tyler sortit de son mutisme pour s'enquérir de l'opinion de son chef touchant Miss McCarthery. Archibald ne répondit pas tout de suite car c'était un homme qui aimait à se donner l'apparence de la réflexion avant que de parler. Quand il s'y décida, ce fut pour s'exprimer avec une douloureuse gravité:

— Si vous souhaitez mon avis, Samuel... J'ai la triste impression que la pauvre chère âme ne fera pas de vieux os...

CHAPITRE II

Agnès Nugent ne comprenait pas quelle mouche piquait son mari, le très respectable Malcolm Nugent, quincailler dans la rue John-Knox, à Perth. Bien qu'on fût samedi, elle avait été obligée de se lever de bonne heure car elle devait s'occuper seule du magasin jusqu'à midi, son époux se rendant à Callander où, dans l'après-midi, ridiculement vêtu d'une culotte de garçonnet et d'une veste d'étudiant, il trottinerait sous les yeux de centaines d'hommes et de femmes qui l'applaudiraient ou l'insulteraient. Après vingt-deux ans de mariage et la naissance de cinq enfants, Agnès ne parvenait pas à comprendre son Malcolm. La vérité était que Nugent nourrissait de grandes ambitions. La carrière politique se révélant trop difficile, il avait songé au sport pour acquérir cette notoriété dont il rêvait mais, peu doué physiquement, il s'était dirigé vers l'arbitrage. Malheureusement d'intelligence assez courte, il ne parvenait que très difficilement à acquérir les réflexes nécessaires pour sanctionner sans retard la faute commise sous ses yeux, en mêlée ou dans le développement d'une offensive. Ses instructeurs ne gardaient

40

plus aucune illusion sur son compte et si, du point de vue théorique, on le reconnaissait parfaitement au point, en ce qui touchait la pratique il restait très au-dessous de la moyenne requise; si bien qu'aux approches de la cinquantaine, Malcolm Nugent attendait d'arbitrer son premier match de rugby. De mauvais plaisants, dans l'espoir de le dégoûter à tout jamais de poursuivre une carrière ne lui réservant que des déboires, le proposèrent pour arbitrer la rencontre Callander-Doune qui, de notoriété publique, ressemblait davantage à une corrida qu'à un match amical. Lorsque Malcolm apprit sa désignation, il ne se sentit plus de joie et négligea complètement son commerce pour réviser les différents cas devant lesquels il pourrait se trouver, obligeant la résignée Agnès à lui poser des problèmes difficiles, à lui exposer les incidents litigieux. Il se tira de toutes ces embûches avec une maestria qui confondit son épouse ne soupçonnant point un pareil savoir.

Lorsqu'il entra dans le living-room où Agnès déposait les œufs au bacon et la théière, Malcolm Nugent était aussi fier que le maréchal Montgomery lorsqu'il apprit le recul définitif du maréchal Rommel. Comme pour se mettre à l'unisson de l'euphorie régnant dans le cœur de Malcolm, le ciel juste au-dessus de Perth, se montrait d'un bleu inhabituel, laissant présager une journée extraordinaire. Nugent s'assit et entama d'une fourchette énergique ses œufs au bacon. Entre deux bouchées, il expliquait à sa femme:

— Comprenez bien, Agnès, que c'est un très grand jour pour moi! J'espère que je me conduirai à Callander de façon à susciter l'approbation des deux équipes — j'entends être ferme et non pas tatillon —

et l'admiration du public. Peut-être alors ces gentlemen de la Ligue d'Ecosse finiront-ils par se rendre compte que je suis un arbitre-né et qui sait, Agnès, la saison prochaine, je courrai peut-être sur les grounds d'Edimbourg et de Glasgow?... Figurez-vous, ma chère, que j'ai rêvé cette nuit de ma sélection pour arbitrer un match du tournoi des Cinq Nations à Twickenham! Evidemment, ce n'était qu'un rêve...

A voir son œil brillant et l'air de contentement répandu sur toute sa personne, Mrs. Nugent ne fut pas convaincue que son époux n'envisageait pas cette hypothèse comme une assez proche réalité. Lorsqu'il monta dans sa voiture pour rejoindre Callander, à une quarantaine de miles, Agnès crut voir le prétendant partant pour Culloden avec la certitude d'écraser les Anglais. Assombrie par ce présage, elle rentra chez elle de mauvaise humeur et calotta, sous un futile prétexte, sa dernière-née qui se trouvait sur son passage.

A Callender, c'était jour de fête. Chacun arborait un air résolu comme s'il devait lui-même participer à la bataille qui se livrerait l'après-midi sur le champ de Keith McCullum dont le fils, Harold, capitaine des « Invincibles » expliquait aux consommateurs réunis au *Fier Highlander* comment il s'y prendrait pour rosser les « Bull-Dozer » de Doune et venger la défaite que ces derniers leur avaient infligée par 38 points à 3, deux mois plus tôt. Naturellement, le whisky coulait à flots et l'on pouvait prévoir qu'un cinquième de la population mâle de Callander serait dans l'impossibilité absolue de se rendre au match. Ted Boolitt et son garçon Thomas ne s'arrêtaient pas de déboucher des bouteilles et de remplir des verres. Mrs. Boolitt estimait que le rugby est un sport très

42

rémunérateur. Quant à Elizabeth McGrew, l'épicière, elle asticotait son mari pour ne rien changer à ses habitudes.

— Et surtout, William, n'allez pas — sous prétexte de fêter la victoire ou de vous consoler de la défaite — rentrer soûl comme un porc! Je ne le supporterai pas! Quand vous êtes ivre, vous vous conduisez comme une brute, même à mon égard! On dirait alors que vous ne vous rappelez plus que je suis votre femme!

— Si vous aviez raison, Elisabeth, je ne déssoûlerais pas.

Le docteur Elscott, féru de rugby, mettait un écriteau sur sa porte indiquant aux visiteurs éventuels qu'il assistait au match et qu'il en appelait à l'esprit sportif de ses concitoyens pour ne le déranger qu'en cas d'extrême urgence. Le révérend Reginald Haquarson adressait ses recommandations du même ordre à sa gouvernante Alisa, en espérant que le Seigneur ne mettrait personne en danger de mort durant les deux heures que durerait la confrontation des « Invincibles » et des « Bull-Dozer ».

Dans cette fièvre secouant Callander, personne ne pensait plus à Imogène McCarthery. Un peu comme si elle était décédée. On prenait l'habitude de parler d'elle au passé. Depuis quatre jours qu'on la savait de retour au pays, elle ne s'était pas montrée et ses plus fervents supporters — Ted Boolitt, William McGrew, Peter Cornway — avaient dû se résigner et admettre que l'Imogène dont ils gardaient un souvenir exaltant appartenait à l'histoire. Le match de rugby les empêchait de sombrer dans une mélancolie pernicieuse.

En tant que juge de touche pour Callender, Peter

Cornway avait été chargé avec le maire, Ned Billing (l'ancien maire, Harry Lowden, ayant perdu sa place par suite de l'hostilité qu'il témoignait alors à Miss McCarthery) de recevoir l'arbitre à la mairie où devait être offert un whisky d'honneur. Billings et Cornway s'étaient mis d'accord sur un plan machiavélique pour éliminer au plus tôt le malheureux Nugent à seule fin de le remplacer — ainsi que le prévoyait le règlement — par Murdoch McKenzie, de Stirling, dont la nièce avait épousé le fils de Ned Billings. Murdoch, tout costaud qu'il fût, craignait beaucoup sa femme Joyce qui nourrissait une véritable adoration pour sa nièce Joan. Il apparaissait donc certain aux yeux de Cornway et de Billing que dans le cas où McKenzie serait appelé à arbitrer le match, il favoriserait les « Invincibles » pour ne point déplaire à Joyce qui voudrait faire plaisir à Joan, attentive à flatter le chauvinisme de George, son mari, jouant, d'ailleurs, avec les « Invincibles » au poste de demi d'ouverture.

Les « Bull-Dozer » arrivèrent vers une heure, conduits par leur capitaine Peter Lymburn et leur juge de touche Marlon Scott. Quinze gaillards redoutables et qui donnaient l'impression de n'être pas venus à Callander pour se promener. Ils refusèrent d'un commun accord toutes les invitations qui leur furent adressées car ils savaient de quoi les supporters de leurs adversaires étaient capables et ils se rendirent directement sur le terrain où ils s'obligèrent au repos en écoutant les conseils de leur entraîneur Rolderik Forester, boucher de son état.

Malheureusement pour eux, les « Bull-Dozer » avaient oublié de prévenir Malcolm Nugent d'avoir à se méfier. Aussi, ce fut en toute innocence que le quincailler de Perth, ayant arrêté sa voiture devant la mairie de Callander, serra les mains de Billings et de Cornway qui l'accueillaient et lui présentaient le conseil municipal. Flatté, Malcolm ne prit pas garde qu'on lui remplissait son verre au fur et à mesure qu'il le vidait et il avait déjà quatre whiskies dans l'estomac lorsqu'il accepta l'offre d'un déjeuner léger où le priait le maire Ned Billings. C'était la première fois que Malcolm se voyait l'objet de pareils honneurs. Il y goûtait une satisfaction profonde.

Le déjeuner eut lieu au *Renard et la Rose* dirigé par le vieux Walter Chisholm qui aurait volontiers hypothéqué sa part de paradis pour voir gagner les « Invincibles » et qui n'avait donc témoigné d'aucun scrupule pour entrer dans le jeu de Billings et de Cornway. Le pauvre, l'innocent Malcolm Nugent, ne se douta de rien et dès le premier plat, il se lança dans un discours où il exposait sa conception de l'arbitrage. Il eut la satisfaction d'être approuvé et ne put décemment refuser de porter des toasts au rugby, à l'arbitrage, à l'Ecosse et à la liberté. Le toast de la liberté était une trouvaille de Peter Cornway. Une heure et quart plus tard, Malcolm, après une série de toasts qui célébraient la fidélité conjugale (une idée de Billings qui pensait à l'attitude de Joan vis-à-vis de son époux), la cuisine écossaise, le whisky et, enfin, tout ce qui peut être célébré, ne se rendait plus très bien compte où il en était et si le match qu'il devait arbitrer se déroulait le lendemain ou non. On dut le hisser dans la voiture du maire pour le conduire au terrain rempli depuis longtemps par une foule surexcitée. Malcolm voulut souhaiter la bienvenue aux joueurs des deux camps, mais il bafouilla à un point tel qu'on l'emmena directement au vestiaire. Les athlètes de Doune ne comprenaient rien à ce qui se passait tandis que Murdoch McKenzie, aidé par sa femme et sa nièce, commençait à déballer ses affaires, prévoyant que Malcolm Nugent n'irait pas bien loin.

Imogène McCarthery achevait de donner ses ultimes conseils à Mrs. Elroy quant à la manière dont il fallait s'y prendre pour réussir le cake dont la recette lui avait été révélée en Cornouailles, et s'apprêtait à gagner le champ de Keith McCallum pour assister à la rencontre Callander-Doune lorsqu'on sonna.

Mrs. Elroy revint dire qu'un individu demandait à parler à Miss McCarthery.

— Un individu?

— Je dis un individu parce que je ne le connais pas, mais, en vérité, c'est sûrement un gentleman.

Intriguée, Imogène alla à la rencontre de cet importun dans le jardin. Un homme encore jeune, très correctement vêtu et dont l'allure un peu effacée, banale, était rachetée et presque contredite par un regard clair et franc, s'inclina.

— Miss McCarthery?

— Oui... A qui ai-je?...

— Norman Fullerton. Je suis professeur au collège Pemberton. J'aimerais vous parler.

Imogène n'ignorait pas l'existence du collège Pemberton, à quelques miles de Callander, mais elle ne devinait pas ce qu'un des maîtres de cet établissement pouvait lui vouloir. Sans doute un nouveau venu qui, ayant entendu parler d'elle, souhaitait écrire son histoire et ses aventures...

— C'est que, Mr. Fullerton, pour l'heure, je suis

46

pressée, je me rends au match de rugby. Le pays ne comprendrait pas mon absence. Voulez-vous que nous nous rencontrions après?

— Faisons mieux, Miss. Puisque vous êtes seule, m'autorisez-vous à vous accompagner? j'ai ma voiture...

— Avec plaisir.

Mrs. Elroy ne parvenait pas à admettre qu'Imogène n'était plus une jeune fille et n'avait nul besoin d'être protégée. Elle fronça le sourcil en voyant sa « petite » s'en aller avec un inconnu sans réaliser que, si ledit gentleman se permettait le moindre geste déplacé, Miss McCarthery était de taille à l'accrocher dans un arbre après l'avoir corrigé.

La population de Callander coulait comme une rivière vers le champ de Keith McCallum et était trop occupée à discuter de la tactique à employer afin de vaincre Doune et effacer la honte de la dernière défaite pour se soucier de savoir dans la voiture de qui Miss McCarthery allait au match. Pendant le trajet, trop court pour qu'il pût s'expliquer, le compagnon d'Imogène se contenta de lui apprendre qu'il enseignait la civilisation britannique au collège Pemberton et qu'il y avait fait une curieuse découverte dont il était venu s'entretenir, persuadé que cela intéresserait une personne ayant la réputation de Miss McCarthery.

Imogène n'eut pas loisir de l'écouter plus avant car ils arrivaient sur le lieu de la rencontre et ils durent jouer des coudes pour gagner des places assises dans les tribunes hâtivement édifiées.

Peter Cornway et Marlon Scott, les deux juges de touche, ayant refusé de se serrer la main, les amateurs de bagarre estimèrent que les choses commençaient bien. Peter Lymburn, capitaine des « Bull-Dozer », rassembla ses joueurs et leur donna ses derniers ordres avant de pénétrer sur le terrain.

— Ecoutez-moi, les gars. Ces types-là jouent comme des patates. On leur a déjà flanqué une pile maison, mais ils sont plutôt bouchés et ils n'ont pas encore compris. Alors, on sort le grand jeu. On s'assure la balle en mêlée et en avant les trois-quarts! Un festival de jeu à la main! Je veux qu'après le premier quart d'heure il n'y ait plus un seul de ces paysans qui soit seulement capable de lever les genoux pour courir! Vu? Et si l'un d'entre vous lâche le ballon au profit d'un gars de ces « Invincibles » à la gomme il aura affaire à moi! Et je vous jure que celui-là, il se souviendra toute sa vie de la partie de Callander!

De son côté, Harold McCallum haranguait son équipe:

— Que vous les laissiez sortir vivants du terrain, c'est tout ce que je tolérerai, vous avez bien compris? Ils n'essaieront pas de nous enfoncer par leurs avants parce que nous sommes plus costauds qu'eux. Alors, ils vont tenter de passer par les ailes! A vous de plaquer de telle façon leurs trois-quarts qu'ils n'aient plus envie de rechercher le contact! Et le premier d'entre vous qui se laisse déborder, je lui arrange le portrait de telle manière que sa mère le foutra à la porte pour avoir le culot de prétendre à la place de son fils!

Malcolm Nugent, assis dans un coin, tentait les plus rudes efforts pour essayer de se rappeler ce qu'il était supposé accomplir dans le costume qu'on lui avait passé. Il lui semblait sommeiller sous une triple épaisseur de matelas à travers lesquels une rumeur très assourdie lui parvenait. Quand il vit passer les deux équipes se rendant sur le terrain, la mémoire lui revint. Il arbitrait un match de rugby! Du coup, il s'estima parfaitement bien sans, toutefois, parvenir à comprendre pour quelles raisons on l'obligeait à marcher sur une montagne russe. Lorsqu'il déboucha sur le terrain, il eut l'impression d'être installé sur un manège fou tournant à une vitesse de plus en plus accélérée. Il virevolta deux ou trois fois sur lui-même au grand étonnement du public et des joueurs, puis s'étala de tout son long, le visage dans l'herbe. On crut à une mort subite et toute l'assistance se leva comme un seul homme, entonnant un cantique: *Plus près de toi, Seigneur.* Le docteur Elscott et le révérend Haquarson se livrèrent à un véritable sprint pour arriver les premiers auprès du supposé cadavre, mais le pasteur, qui, ayant battu le médecin d'une longueur, se laissait tomber à genoux auprès de Malcolm, se redressa d'un bond en gémissant:

— Seigneur Dieu, Elscott! Ce n'est pas un homme, c'est un alambic!

Le docteur se pencha à son tour et approuva:

— Rien qu'à respirer son haleine, on risquerait de s'enivrer!

Ils le firent transporter à ce qui tenait lieu de vestiaire. Mrs. McCallum accepta — bien à contrecœur car elle appartenait à la ligue antialcoolique — de préparer du café très fort. Cornway et Billings, heureux de la réussite de leur machination, rassemblèrent les joueurs des deux camps pour leur annoncer que Mr. Nugent, subitement très fatigué, serait remplacé par Murdock McKenzie, de Stirling. Peter Lymburn, capitaine des Bull-Dozer, et Marlon Scott, le juge de touche de Doune, flairèrent le coup fourré et s'étant rendu auprès de Nugent comprirent. Ils refusèrent de jouer tant qu'il n'était pas démontré que l'arbitre désigné ne se trouvait pas en état de tenir son rôle. Ils réclamèrent et obtinrent — il n'y avait pas moyen d'agir autrement — que le match fût retardé d'une demi-heure. Pendant que le docteur Elscott s'employait de son mieux à ramener Malcolm Nugent à une plus saine compréhension des choses en le contraignant à vomir et en lui donnant un bain de pieds bouillant, la température du public montait elle aussi. Les supporters des deux camps échangeaient défis et menaces. Quant aux joueurs, prêts à se sauter dessus, ils piaffaient. Le sergent Archibald McClostaugh et le constable Samuel Tyler commencèrent à se faire du mauvais sang.

Pour éviter la curiosité de ses amis, Miss McCarthery et son compagnon s'étaient assis loin de l'endroit où se groupaient les plus passionnés. Lorsqu'on annonça le retard du coup d'envoi par suite d'une indisposition, qu'on espérait passagère, de l'arbitre, Imogène se tourna vers Fullerton.

— Eh bien, Mr. Fullerton, je pense que vous pourriez profiter de ce moment de répit pour me parler?

Le professeur jeta des coups d'œils rapides autour de lui et, à la surprise de Miss McCarthery, chuchota:

— Parmi ces gens, ce ne serait pas très prudent...

Un pareil exorde ne pouvait qu'accélérer le pouls de l'impétueuse Imogène. Elle baissa la voix:

— Désirez-vous que nous fassions un tour?

— S'il vous plaît...

Ils quittèrent leurs places dont ils confièrent la

50

garde à des spectateurs de bonne volonté et s'éloignèrent de quelques centaines de mètres. Tout de suite, ils trouvèrent le calme.

— Donc, Mr. Fullerton, vous enseignez la civilisation britannique à Pemberton?

— Parfaitement, Miss...

— Je ne pense pas que vous vouliez me voir pour m'offrir des leçons?

— Non, Miss... mais je dois vous dire tout d'abord que je vous admire...

Une bouffée d'orgueil empourpra les joues d'Imogène qui se crut obligée de protester, mais très mollement:

— N'exagérez-vous pas quelque peu, Mr. Fullerton?...

— Non pas, Miss... Je sais tout ce que vous avez eu le courage de risquer pour la Couronne...

Miss McCarthery l'interrompit sèchement:

— Pour le Royaume-Uni, si vous le voulez bien, Mr. Fullerton!

— Pardon...

— Vous êtes Anglais, n'est-ce pas?

— Mais oui...

— J'ai dans ce cas, le regret de vous dire que je ne comprends pas votre démarche. Je n'éprouve pas une particulière sympathie pour vos compatriotes qui sont les oppresseurs de ma patrie!

— Pourtant, Miss, il me semble que la reine...

— Votre reine, Mr. Fullerton! Pas la nôtre!

Un peu dérouté par cette véhémence, l'Anglais répéta machinalement:

— Pas la vôtre?

— Non! la nôtre, c'est Marie-la-Martyre! Marie Stuart que les Anglais ont dépouillée avant de l'assassiner! Nous autres, Ecossais, nous n'oublions jamais! Nous n'avons pas le droit d'oublier! Mais le temps viendra où...

Brusquement, elle se tut, comme si elle regrettait d'en avoir trop dit et, plus doucement, s'enquit:

— J'ignore toujours le but de cet entretien, Mr. Fullerton?

— Voilà, Miss. Je suis un garçon paisible, peu enclin à me mêler des affaires d'autrui... Mais, aujourd'hui, j'estime que je n'ai pas le droit de me dérober.

— De quels autres s'agit-il, Mr. Fullerton?

— Des professeurs du collège Pemberton, mes collègues.

— Et pourquoi?

— Parce que je suis sûr qu'un meurtre y sera commis.

— Un meurtre?

— Oui... et je sais aussi que le futur meurtrier a compris que j'avais deviné ses intentions...

A ce moment, une formidable clameur s'élevant du stade leur indiqua que la partie allait commencer. Imogène déclara:

— Je ne puis manquer le match... Ce que vous m'avez confié me passionne, Mr. Fullerton... Restez à mes côtés. Vous me raconterez la suite, chez moi, en prenant le thé.

— Au moins, Miss McCarthery, dites-moi si cela signifie que vous accepterez de m'aider?

— Je voudrais bien deviner pourquoi je n'accepterais pas?

Enthousiasmé, Fullerton prit les deux mains d'Imogène dans les siennes et les serra chaleureusement. L'Ecossaise se dégagea vivement:

52

— Mr. Fullerton!.. Si l'on nous voyait!

— Et alors?

— On pourrait penser que vous me faites une cour pressante!

Fullerton resta sans voix. L'idée qu'il pût faire la cour à cette haquenée à cheveux rouges et qui comptait bien au moins vingt ans de plus que lui, le paralysait. Imogène mettant ce silence au compte de la mortification, lui tapota doucement le bras:

— Ne m'en veuillez pas, Mr. Fullerton... Je suis très flattée, certes, mais je suis une demoiselle et je dois me préoccuper de ma réputation... J'espère que vous me comprenez?

— Oh! oui, Miss, très bien!...

— Toutefois, vous pouvez me baiser la main si le cœur vous en dit...

Tout en se demandant s'il ne s'était pas trompé sur le compte de cette grande bringue d'Ecossaise, Fullerton s'exécuta et fut aperçu par Archibald McClostaugh qui, ayant éprouvé la nécessité de satisfaire un besoin naturel, s'était pudiquement écarté le plus possible du stade. La vision d'Imogène qu'on serrait de près à ce qu'il lui sembla l'attendrit. Resté sous l'impression de sa dernière visite à Miss McCarthery, le sergent s'enchantait de constater que son ex-ennemie reprenait goût à la vie. Simplement, il s'étonnait que son soupirant parut aussi jeune, mais Archibald avait assez vécu pour savoir que l'amour se moque des lois auxquelles les autres se soumettent. Il repartit en prenant bien soin de ne pas se montrer, à seule fin de ne pas troubler les amoureux. Mais quand il rejoignit Tyler, il lui tapa sur l'épaule:

— Plus besoin de nous faire du souci pour Miss McCarthery, Sam!

— Ah?

— Je viens de la surprendre avec un gentleman, fort bien, ma foi, et qui la serrait de très près.

— De très près?

— Et de plus près encore, Sam!

— Ce n'est pas possible, chef?

— Dites donc tout de suite que je suis un menteur, Tyler?

— Oh! chef!...

— Ou que je suis ivre?

— Jamais de la vie, chef!

— Ou bien encore que j'ai des visions?

— Sûrement pas, chef!

— Ou que je deviens gâteux?

— Pas le moins du monde, chef!

— Dans ce cas, je vous répète, Samuel Tyler, que j'ai vu Imogène McCarthery se laissant fougueusement embrasser les mains par un gentleman!

— Fougueusement, chef?

McClostaugh hésita, mais il ne pouvait plus reculer sous peine de voir son adjoint mettre en doute le récit tout entier:

— Fougueusement, Sam!

Lorsque enfin revenu de l'espèce de coma où l'avait plongé l'absorption à haute dose de whisky, Malcolm Nugent, les jambes flageolantes, les réflexes amortis, l'œil vague, fit une nouvelle entrée sur le terrain, il fut accueilli par des applaudissements mais aussi par des sifflets car une partie du public ne lui pardonnait pas de lui avoir laissé chanter *Plus près de toi, Seigneur*... Certains parlaient déjà d'escroquerie. Malcolm n'entendit ni les applaudissements, ni les sifflets. Il lui paraissait avancer dans de l'ouate et tous les échos, toutes les rumeurs lui parvenaient amorties. Il appela les équipes et, se plaçant entre les deux capitaines, il leur donna à choisir pile ou face. Les Bull-Dozer gagnèrent et décidèrent de jouer avec le soleil dans le dos. Nugent s'interrogeait avec angoisse pour deviner comment il s'y prendrait pour suivre les joueurs et surveiller les phases du jeu. Enfin, il libéra la fureur ambiante des deux équipes. Les Bull-Dozer engagèrent et tout aussitôt vingt-huit hommes se ruèrent les uns contre les autres; seuls les deux arrières, piaffant d'impatience, restèrent à leur poste. Malcolm vit très nettement un avant de Callander flanquer un coup de pied dans le derrière d'un trois-quarts de Doune qui se penchait pour ramasser le ballon. Aussitôt, il siffla un coup franc pour Doune dont le botteur ouvrit le score en faveur de son camp, à la colère des supporters de Callander qui commencèrent à proclamer hautement la vénalité de l'arbitre. Très vite, les joueurs de Doune s'organisèrent. Les avants, supérieurs au talonnage, monopolisaient le ballon en mêlée, ce qui leur permettait d'alerter les trois-quarts qui, par trois fois en moins d'un quart d'heure, débordèrent la défense adverse. On jouait depuis vingt-deux minutes et le tableau d'affichage indiquait 15 points pour Doune, 0 pour Callander.

Sur son banc, Imogène trépignait de rage. Il lui semblait que si elle avait joué, elle aurait bousculé les avants de Doune. Mais ces jeunes gens n'avaient pas de ressort. Fullerton, de son côté, la regardait, un peu surpris de cette véhémence. Sans conteste, cette femme s'affirmait une force de la nature.

Archibald McClostaugh commençait à injurier les joueurs de Callander passant près de lui tandis que

Ned Billings, le maire, et Cornway, le menuisier-coroner, furieux de voir que leur attentat contre l'arbitre n'avait servi à rien, machinaient un nouveau coup.

Sur le terrain, cela tournait au désastre pour l'équipe de Callander. Les trois-quarts de Doune, toujours servis, cavalcadaient à travers les rangs des défenseurs ennemis et marquaient essai sur essai. Peter Lymburn — alors qu'un de ses coéquipiers transformait un nouveau but portant le score à 25 pour Doune sans que ses rivaux aient pu franchir une seule fois la ligne de but adverse — s'écria:

— Allez-y doucement, les gars, sans ça, à Callander, on ne voudra plus jouer avec nous!

Harold McCallum faillit sauter à la gorge de l'insulteur, mais il se sentait sans réaction. McCallum vivait un véritable calvaire. Recevoir une pareille peignée devant son public!... Il songeait au suicide lorsque, brusquement, une voix stridente jaillit près des spectateurs:

— Alors!... Il n'y a donc plus d'hommes à Callander?

En entendant cette apostrophe, Billings et Cornway sautèrent sur place. Et Ted Boolitt, montrant du doigt la grande femme qui brandissait un poing vengeur, hurla:

— Imogène McCarthery!...

William McGrew, le docteur Elscott, le révérend Haquarson crièrent sans même penser à ce qu'ils disaient:

— Hurrah pour Imogène McCarthery!

Boolitt, le cafetier du *Fier Highlander*, tomba dans les bras de l'épicier McGrew en chevrotant:

— Elle est là!

— Oui, Ted... elle est là!

A leur tour, ils s'époumonèrent:

— Imogène avec nous!

Sur le terrain, Harold McCallum comprit qu'un secours inespéré lui arrivait. Il rameuta ses troupes:

— Bande de feignants! Honte de l'Ecosse! Allez-vous vous laisser rosser en présence d'Imogène McCarthery?

Les joueurs se ruèrent, bousculant leurs vis-à-vis, et McCallum aplatit le ballon entre les poteaux, marquant le premier essai de Callander que dans un déchaînement d'enthousiasme, Henry Pockett transforma, mettant cinq points à l'actif de son équipe. Presque aussitôt après cet exploit, Malcolm Nugent, complètement réveillé, siffla la mi-temps.

Pendant le repos, tandis que Billings et Cornway chuchotaient des recommandations dans l'oreille de McCallum, les amis d'Imogène lui présentaient leurs hommages et lui confiaient la joie de la retrouver comme autrefois. Mais Miss Carthery n'était pas d'humeur à perdre son temps en billevesées.

— Il serait temps, gentlemen, que votre équipe consente à se battre, sinon, pour l'an prochain, nous constituerons une équipe féminine et nous n'aurons pas de mal à obtenir de meilleurs résultats!

Afin d'encourager les joueurs, Imogène — toujours suivie de Fullerton — se plaça sur la ligne de touche où l'on s'écarta un peu pour lui permettre d'installer deux chaises. Archibald McClostaugh confia à Tyler:

— Si nos gars ne réagissent pas, Samuel, ce sera à désespérer de l'Ecosse!

Le brave Archibald oubliait que Doune se trouvait aussi en Ecosse, à quelques miles de Callander. Tyler

paraissait moins confiant que son chef qui s'en aperçut.

— Quelque chose ne va pas, Sam?
— Je suis inquiet, chef...
— Inquiet? Et pourquoi?
— Parce qu'Imogène ne me semble plus aussi
changée que le jour de son arrivée... Nous aurait-elle
joué la comédie?

McClostaugh ne répondit pas mais, intérieurement,
tout en approuvant Tyler, il lui en voulut de lui gâter
le moment passionnant qu'il s'apprêtait à vivre.

À la reprise du jeu, les équipes ayant changé de
côté, le juge de touche de Doune se trouvait du côté
des spectateurs de Callander. Au moment où, sans
penser à mal, ce brave garçon passait devant Imogène, cette dernière remarqua à haute voix:

— Il y en a qui seraient bien inspirés de repérer
exactement à quel endroit le ballon sort s'ils souhai-
tent rentrer chez eux en bon état!

Alors, pour la première fois depuis le début du
match, Marlon Scott, le juge de touche, clerc d'avoué
dans le civil et père de trois enfants, commença
d'avoir peur. Le temps se mit à lui durer d'entendre
l'arbitre lancer le coup de sifflet final. Mais, pour
l'heure, le coup de sifflet de Malcolm Nugent ouvrait
la seconde mi-temps. Tout de suite, les joueurs de
Doune se réinstallèrent dans le camp adverse. L'ailier
Finn déborda la défense de Callander une fois de
plus, et, le long de la ligne de touche, il allait à l'essai
lorsque, brusquement, une grande femme rousse se
dressa presque devant lui et lui demanda sèchement:

— Et où comptez-vous aller comme ça?

De saisissement, Finn lâcha son ballon qui roula

en touche. Satisfaite, Imogène retourna s'asseoir tandis que le malheureux Finn empoigna son capitaine par le bras et hoquetait:

— Pe... Peter... j'suis malade... mon vieux... J'ai j'ai des visions!

Marlon Scott leva son petit drapeau pour indiquer l'endroit où devait se jouer la touche mais le hurlement d'indignation qui jaillit dans son dos manqua le faire choir, privé de sentiment. Lâchement, en dépit des reproches des joueurs de son équipe, il recula de dix mètres au moins au profit de Callander. Nugent siffla, tous les avants sautèrent pour s'emparer du ballon. C'est à cet instant précis que Malcolm eut le sentiment que sa tête quittait ses épaules et presque aussitôt il n'eut plus le sentiment de quoi que ce soit car, pour la seconde fois, le nez en avant, il refaisait connaissance avec le gazon. Attentifs à suivre le jeu, les spectateurs n'avaient pas vu que, sautant sur l'occasion, Harold McCallum — suivant les instructions données par Ned Billings et Peter Cornway — avait flanqué à Nugent un uppercut à lui décoller la tête. L'abominable Billings — ayant confié à son complice Cornway le soin de retenir le docteur Elscott — galopait vers l'arbitre. Arrivé près de lui, il lui tapota les joues, lui pressa une éponge mouillée sur la nuque, sur le front et lorsque Malcolm rouvrit les yeux, l'affreux Billings profita de ce que le malheureux arbitre flottait encore entre ciel et terre pour lui entonner une bonne demi-bouteille de whisky. Le résultat immédiat fut que sitôt remis sur pied, Malcolm Nugent retomba au sol. Le docteur Elscott enfin libéré constata avec stupéfaction que l'arbitre était encore ivre.

— C'est incroyable!... Mais, tonnerre de tonnerre,

quand boit-il? C'est une honte de nous envoyer des ivrognes pour arbitrer! Quel exemple pour la jeunesse!

Hypocrite, Ned Billings approuvait alors que Malcolm Nugent, tentant vainement de mettre deux idées à la suite l'une de l'autre, s'effondrait dès qu'on le remettait debout. Peter Lymburn, capitaine de l'équipe de Doune, convint que Nugent se révélait dans l'incapacité absolue de tenir son rôle et l'on dut faire appel à McKenzie qui piaffait d'impatience. Une prodigieuse acclamation salua son entrée sur le terrain et, presque tout de suite, les hommes de Doune comprirent. Trois essais leur furent successivement refusés pour des fautes que seul l'arbitre avait vues et quand, enfin, Finn marqua de la façon la plus nette, la plus classique entre les poteaux, McKenzie se vit contraint d'accorder le point; mais quand Finn ayant parfaitement ajusté son coup de pied transforma son essai en but, l'arbitre s'approcha de lui:

— Vous vous figurez avoir transformé?

Finn n'était pas malin, malin...

— Eh ben! il me semble... non?

— Non!

— Non? Et pourquoi?

— Parce que vous avez commis une faute!

— J'ai commis une faute, moi? Je serais curieux de savoir laquelle?

— Ça ne vous regarde pas!

Finn appela Peter Lymburn, son capitaine, à la rescousse, mais McKenzie ordonna à Finn de recommencer son coup de pied. Le garçon s'exécuta et, de nouveau, réussit. L'arbitre grogna encore:

— Vous vous entêtez à toujours commettre la même faute, hein?

— Mais quelle faute, bon Dieu?

— Je ne suis pas ici pour vous apprendre à jouer au rugby!

— C'est vous qui feriez bien d'apprendre à y jouer!

— Vraiment?... Sortez!

— Quoi?

— Sortez! Je vous expulse!

Peter Lymburn ayant voulu protester fut expulsé à son tour et le match reprit à 13 contre 15 et à la vive satisfaction des gens de Callander. Miss McCarthery, à voix très haute, déclara à son compagnon, Fullerton, que ce nouvel arbitre lui semblait être quelqu'un de très bien. Dès la mêlée suivante, un avant de Doune se dressa en hurlant et se tenant le visage à deux mains. L'arbitre ordonna à la mêlée de se relever et le blessé, aidé d'un camarade, en profita pour se jeter sur son agresseur Harold McCallum. Aussitôt, l'arbitre en profita pour expulser deux autres adversaires de ses protégés. A 11 contre 15, l'équipe de Doune ne pouvait plus rien. Dix minutes avant la fin de la partie, les deux camps étaient à égalité: 31 à 31. On s'acheminait vers le match nul lorsqu'à cinq minutes du temps réglementaire, une terrible bataille emmêla tous les joueurs et une partie du public. N'écoutant que son courage, Archibald McClostaugh fonça, entraînant Tyler, dans la mêlée. Impavide, McKenzie regardait, attentif à sanctionner la moindre faute qui serait commise par les joueurs de Doune.

Le sergent voulut empoigner un habitant de Callander qui, ayant attrapé un équipier de Doune par sa culotte, risquait de voir cette dernière lui rester entre les mains et offrir ainsi à la foule un spectacle ne cadrant point avec les mœurs du Royaume-Uni. Mais au moment où il agrippait le furieux, une main happa Archibald par la barbe et le malheureux McClostaugh disparut parmi les combattants. Peu de temps après, on vit son casque flotter comme une épave sur le conglomérat de dos, de torses, de jambes et de bras. Galvanisé par la perspective de ce qui pouvait arriver à son supérieur, le constable Tyler, à grand renfort de coups de botte, frappa toutes les croupes se présentant à lui jusqu'à ce qu'il soit parvenu à dégager son chef fort mal en point et qui ne retrouva son souffle que pour égrener un chapelet de jurons dont l'audition précipita le révérend Haquarson à genoux pour supplier l'Eternel de se boucher les oreilles. Les joueurs des deux équipes, plus ou moins conscients après ce terrible pugilat, se redressaient, ne sachant plus trop quoi faire, lorsque Imogène, inspirée, et assurant du même coup sa gloire de façon impérissable, saisit le casque de McClostaugh et le passa au joueur de Doune le plus près d'elle. Ce garçon, encore à moitié assommé, crut qu'il s'agissait du ballon et, par un réflexe naturel, fonça vers les buts adverses suivi par les derniers membres de son équipe. Alors, Imogène offrit le ballon sur lequel elle était assise à Harold McCallum qui, accompagné de ses trois-quarts, partit en une série de fort jolies passes vers la ligne de but de Doune. Ainsi, on vit ce qui ne s'était encore jamais vu: les deux équipes se tournant le dos et courant toutes deux vers les poteaux de l'adversaire.

Un méchant hasard voulut qu'alors Malcolm Nugent, ayant retrouvé une partie de ses esprits, rentra sur le terrain en zigzaguant mais poussé par la certitude que son devoir l'y appelait, bien qu'il fût dans l'impossibilité complète de savoir pourquoi. Incapable de se rendre compte que la partie continuait, il avança, inconscient du danger. Le premier qui le heurta fut le demi-d'ouverture Charley Harrison et ce au moment où il repassait le ballon à McCallum. Nugent, bousculé, perdit l'équilibre, partit à reculons pour se placer ainsi sur le trajet des 110 kilos de McCallum lancé à toute vitesse. Frappé de plein fouet, Nugent eut le temps de penser qu'il s'était égaré sur la voie du chemin de fer et qu'il venait d'être télescopé par le « Flying Scotchman », avant de s'étaler, une fois de plus, la figure dans l'herbe. Ainsi, il ne put entendre la formidable acclamation saluant l'exploit d'Harold McCallum posant le ballon entre les poteaux de l'équipe de Doune et s'assurant ainsi la victoire sur leurs traditionnels adversaires qui, de l'autre côté du terrain, contemplaient piteusement le casque d'Archibald McClostaugh qu'ils venaient de porter jusque dans les buts ennemis. De rage, ils l'écrasèrent à coups de pied et lorsque le sergent récupéra son couvre-chef en si piteux état, il faillit prendre une attaque. Samuel Tyler dut le ramener à une plus saine compréhension des choses car Archibald voulait fourrer en prison tous les joueurs de Doune. Puis sa colère se tourna vers Imogène McCarthery qui, à cet instant, recevait les félicitations de tous ceux qui avaient été témoins de sa ruse. McClostaugh écarta d'une main ferme les admirateurs de l'Ecossaise et, sans mot dire, lui tendit son casque ou, mieux, ce qui en restait. Sidérée, Miss McCarthery demanda:

— Qu'est-ce que c'est que ça?

Froid, le sergent répliqua:

— Ça, Miss, c'est le casque d'un agent de police de sa Gracieuse Majesté!

— Pas possible?

— Si, Miss... Un casque dont je suis responsable! Un casque qui m'a été offert par le gouvernement! Un casque qui a été payé par l'argent des contribuables! Un casque dont vous avez eu l'impudence de vous emparer pour en faire... ça!

— Oh! Archie!... Est-ce bien vous qui me parlez ainsi?

Le ton d'Imogène fit impression et l'on commença à murmurer autour de McClostaugh qu'il y avait des gens vraiment mesquins. Le servent voulut protester, mais Ned Billings, le maire, lui coupa la parole:

— Je pense que cela suffit, McClostaugh! Grâce à votre casque et grâce, surtout, à Miss McCarthery, nous avons gagné! La municipalité vous offrira un nouveau casque et si elle refuse d'envisager cette dépense extraordinaire, je vous en paierai un de mes propres deniers!

Le maire fut acclamé et Archibald, rouge de confusion, se tut. Il rejoignit le constable et, avec cette mauvaise foi dont il ne se départissait jamais, il grogna:

— Alors, Samuel, vous êtes content de me voir ridiculiser?

— Ridiculiser, chef?

— Et à quoi ressemble, d'après vous, Tyler, un policeman privé de son casque? Un chef de gare sans casquette? Un évêque sans sa mître? A quoi, Tyler?

— A rien, chef.

— Exactement! A cause de votre amie Imogène,

je ressemble à rien et cela devant tout Callander! Et vous estimez que je ne suis pas ridiculisé?

C'est alors qu'un cri strident interrompit net le subtil exposé d'Archibald McClostaugh et le fit galoper en compagnie de Tyler en direction de l'endroit où déjà les spectateurs, n'ayant pas quitté le stade, se ruaient. Samuel et Archibald fendirent le cercle des curieux et se trouvèrent auprès d'Imogène regardant un homme étendu à ses pieds et en qui le sergent reconnut tout de suite l'amoureux de Miss McCarthery. Le docteur Elscott, qui arrivait presque en même temps que les policiers, n'eut pas à examiner longtemps Fullerton pour se rendre compte qu'il était mort et que le décès devait être attribué à un coup de poignard porté sous l'aisselle de la victime et qui perça le cœur. Les assistants, horrifiés, se taisaient. Imogène se passait la langue sur les lèvres qu'elle ne parvenait pas à humecter.

McClostaugh, ahuri, regardait ie cadavre, puis l'Ecossaise, puis à nouveau le mort avant de revenir sur Miss McCarthery et quand, enfin, il fut las de ce manège, il gémit:

— Et dire que vous m'aviez promis, Miss...

Le constable tenta de détourner d'Imogène l'orage qu'il devinait prêt à éclater.

— Peut-être, chef, qu'il serait bon de...

Archibald lui ferma la bouche:

— Quant à vous, Tyler, vous êtes un escroc!

— Moi?

— Oui, vous! Vous avez eu le cynisme de vous faire offrir une bouteille de whisky sous prétexte que Miss McCarthery s'était enfin rangée! Je ne suis pas près d'oublier votre malhonnêteté, Sam!

— Mais, chef...

— Taisez-vous! Si on croit se payer la physionomie du sergent Archibald McClostaugh, on se trompe! Avis aux amateurs!

Cette déclaration causa une certaine impression. Le sergent s'en rendit compte et en éprouva une satisfaction qui lui permit, son sang-froid retrouvé, de récupérer du même coup son ton le plus officiel pour demander, sévère:

— C'est vous qui avez crié, Miss McCarthery?

— Oui.

— Pourquoi?

Elle le regarda, abasourdie, puis:

— Comment ça, pourquoi? Ne commencez pas à poser des questions idiotes, Archie!

Le sergent se raidit:

— Je vous serais obligé, Miss, de me laisser, premièrement, le soin de mener mes interrogatoires comme je l'entends, deuxièmement, de bien vouloir m'appeler sergent, compris?

— Compris, Archie!

McClostaugh proféra un juron qui le fit rappeler à l'ordre par le docteur Elscott le priant de se souvenir qu'il se trouvait en public et que s'il avait été nommé sergent dans la police britannique, ce n'était sûrement pas pour donner l'exemple de la grossièreté! Ce à quoi Archibald répliqua que le docteur Elscott serait parfaitement inspiré de la fermer et de rentrer chez lui pour établir son rapport. Outré d'être traité de façon aussi cavalière, le médecin se retira en déclarant qu'il ne tenait pas à collaborer plus longtemps avec un individu aussi mal embouché que ce foutu sergent. McClostaugh prit la chose de très haut à la grande joie des gens de Callander demeurés sur place.

— Et si je vous arrêtais?

— Moi? Eh bien! essayez donc pour voir? En tout cas, je m'en désintéresse de votre cadavre, vous entendez? Vous l'autopsierez vous-même, si le cœur vous en dit?

— Docteur Elscott, je vous somme de...

Mais le médecin, hors de lui, répondit par un mot d'une remarquable brièveté et qu'il n'avait jamais prononcé depuis le temps lointain de sa vie universitaire. L'effet de cette réplique fut tel que personne ne pensa à l'empêcher de se retirer, même pas Tyler. Rongeant son frein, Archibad s'en prit à Imogène, car il lui fallait s'en prendre à quelqu'un.

— En tout cas, Miss, vous n'avez toujours pas répondu à ma question! Pourquoi avez-vous crié?

Imogène montra le mort:

— Vous n'estimez pas que c'est une raison suffisante?

— Mon opinion n'a pas d'importance, Miss!... C'est la première fois que vous voyez quelqu'un mort de façon violente?

— Allons, Archie! Ce n'est quand même pas à vous de me demander ça, hein?

Le sergent en mordit son crayon de rage et faillit jeter son carnet au sol pour le piétiner. Le constable s'approcha de son supérieur pour tenter de l'apaiser:

— Chef, ne vous laissez pas aller!

— Vous vous permettez de me donner des ordres maintenant, Tyler? Quant à vous, Miss McCarthery, je vous préviens que je ne tolérerai pas plus longtemps que vous vous moquiez de la justice! Oui, je sais que vous avez déjà vu des hommes morts de mort violente, et cela par vos soins! Je n'ai rien oublié, Miss McCarthery, et c'est pourquoi je vous

dis: pour quelles raisons ce cadavre-là vous fait-il
tant d'effet que vous vous croyez obligée de jouer les
sirènes à un point tel que je suis sûr que dans un
rayon de deux miles, il y a des gens qui se sont pré-
cipités dans leur cave en vous entendant?

— Autrement dit, vous insinuez que je beugle, mu-
gis ou hulule?

— C'est bien ça!

Le maire intervint:

— Sans prétendre à me mêler de vos affaires,
McClostaugh, j'estime — et je suis sûr que les gentlemen présents partagent mon sentiment — que vous
ne parlez pas correctement à Miss McCarthery! Et
qu'elle serait en droit de déposer une plainte contre
vous!

Imogène, un instant désarçonnée, se reprit:

— Merci, Ned Billings, mais s'il fallait déposer
plainte chaque fois que cet individu, en état d'ébriété,
se conduit comme un goujat à mon égard, il y a
longtemps qu'on l'aurait chassé de la police. Mais il
faut être humain, Ned Billings... Que deviendrait ce
malheureux, sinon une épave? Une épave qu'il est
presque déjà...

Samuel Tyler n'eut que le temps de ceinturer le
sergent qui prétendait se jeter sur l'Ecossaise.

— Lâchez-moi, Samuel! Lâchez-moi! Elle ose dire
que je suis ivre!

Miss McCarthery susurra d'une voix très douce:

— Si vous ne l'êtes pas, McClostaugh, comment
est-il possible que vous vous présentiez en une
pareille tenue devant vos concitoyens et plus particulièrement devant une femme?

Le sergent, ne comprenant pas où elle voulait en
venir, hoqueta:

68

— Moi?... Moi?... Je ne suis pas correct?

— Il n'est pas d'usage, que je sache, que les policemen de service sortent sans casque... ou est-ce que je me trompe?

Ce coup d'une perfidie extrême parut frapper McClostaugh de façon définitive. Il ferma les yeux, pâlit, et ceux qui l'entouraient crurent que ses veines temporales allaient éclater tant elles se gonflaient. Ned Billings et Peter Cornway, le coroner, et William McGrew, l'épicier, et Ted Boolitt, du *Fier Highlander* manquèrent porter Imogène en triomphe, leur Imogène retrouvée!

Cornway étreignait le bras de l'épicier et lui confiait avec chaleur:

— C'est bien elle, n'est-ce pas?

— Pareille à ce qu'elle était autrefois!... A mon idée, Cornway, nous sommes en train d'assister à un miracle!

Quant à Boolitt, il embrassait Billings.

— Ned, j'ai besoin d'embrasser quelqu'un car cette minute est une des plus belles de ma vie! Il y a encore de beaux jours à Callander!

Tyler s'adressa à Imogène sur un ton dont la gravité amère n'excluait point la sympathie:

— Alors, vous recommencez, Miss Imogène?

— Tyler, j'ai le sentiment que c'est plutôt lui qui recommence, non?

Dès le début, la discussion s'avérait sans issue lorsque quelqu'un remarqua que plus personne ne s'occupait du cadavre. Cette réflexion redonna à McClostaugh le sens de ses responsabilités. Il avança:

— Si, moi!... Miss McCarthery, connaissez-vous cet homme?

— A peine...

— Vraiment?

Archibald eut un petit ricanement — que chacun s'accorda à juger des plus injurieux — et continua:

— Le connaissez-vous, toutefois, suffisamment pour nous apprendre son nom, Miss?

— Il s'agit de Norman Fullerton, professeur au collège Pemberton.

— Et puis-je vous demander, Miss, pour quel motif vous avez estimé nécessaire de l'assassiner?

Tout le monde se tut après avoir entendu l'effarante question, car il n'était venu à l'idée de personne qu'Imogène puisse avoir quoi que ce soit avec la mort de ce professeur. L'Ecossaise réagit brutalement:

— Vous finirez par lasser ma patience, McClostaugh! Dès qu'il y a un cadavre quelque part, vous tenez sans cesse à m'en faire cadeau!

— C'est que, Miss, il n'y a jamais de cadavre quand vous n'êtes pas là! Et celui-là, il se pourrait que vous ayez eu une bonne raison pour le tuer!

— Je serais curieuse de la connaître?

— Je l'ai surpris en train de vous faire une cour pressante! Il vous embrassait les mains!

— Et alors? Je n'ai pas pour habitude d'abattre les gentlemen qui me baisent la main, il me semble?

— Mais peut-être celui qui refuse le mariage où vous espériez le contraindre?

Le hurlement que poussa Archibald McClostaugh lorsque Imogène lui empoigna la barbe, fit passer un frisson sur l'épiderme des gens qui campaient dans les Trossachs et certains plièrent leur tente en se disant qu'après tout, il se pourrait bien qu'il y eût quelque chose de vrai dans ces histoires de monstres villégiaturant en Ecosse...

Ce soir-là, Callander eut un nouvel accès de fièvre. Chez Boolitt, il se menait un terrible tapage et, par trois fois déjà, le constable Samuel Tyler avait dû se montrer sur le seuil du bar pour demander aux gentlemen de mettre une sourdine à leur enthousiasme s'ils ne tenaient pas à ce que l'on fermât l'établissement avant l'heure normale. Le whisky coulait à flots en l'honneur d'Harold McCallum qui avait su mener ses troupes à la victoire et venger la dernière défaite... et peut-être plus encore à la gloire d'Imogène McCarthery dont les supporters retrouvaient une nouvelle jeunesse. Margaret Boolitt pleurait dans sa cuisine car elle devinait que des temps difficiles allaient recommencer pour elle et que son mari ne cesserait plus de la comparer — en la méprisant — à la maudite Ecossaise. Tapie derrière le comptoir de son épicerie, Mrs. McGrew écoutait, haletante, Mrs. Frazer, Mrs. Plury et Mrs. Sharpe lui faire le récit de l'attentat auquel elles n'avaient pas assisté. Quand elles se turent, Mrs. McGrew poussa un énorme soupir et remarqua :

— Il faut croire, mes chères dames, que nous avons sans y prendre garde, gravement mécontenté le ciel pour qu'il nous inflige une calamité pareille! Cette McCarthery, c'est pire que la fièvre aphteuse ou la grippe asiatique!

Mais quelques-uns, en cette soirée d'un samedi qui resterait dans la chronique de Callander, ne participaient pas au tumulte parce que courbés sur des tâches professionnelles ou non qui réclamaient toute leur attention. Ainsi, le docteur Elscott, ayant cédé aux prières de Samuel Tyler toujours enclin à dissiper les malentendus, autopsiait le pauvre corps de

Norman Fullerton et constatait qu'il était mort sur le coup, le cœur percé par la lame mince et effilée d'un poignard. Lorsqu'il eut terminé, il se lava soigneusement les mains et les bras et s'en fut rédiger son rapport pour le sergent McClostaugh. De son côté, Archibald écrivait également un rapport destiné au superintendent Andrew Copland, rapport où il relatait le meurtre, l'identité de la victime et où il faisait part de ses soupçons concernant Miss Imogène McCarthery, étayant lesdits soupçons de ce qu'il tenait déjà pour des preuves indiscutables. Enfin, le révérend Haquarson s'appliquait lui aussi à un rapport qu'il se promettait d'envoyer au représentant de la Rugby Union, à Perth, pour protester — au nom de la morale et du sport — contre le fait qu'on ait désigné un ivrogne pour arbitrer le match Callander-Doune, ivrogne qui, par deux ou trois fois, s'était donné en pitoyable spectacle jusqu'au moment où, absolument incapable de tenir sur ses jambes, il avait dû être remplacé.

Imogène avait très mal accueilli les reproches de Rosemary Elroy mise au courant par son mari des nouveaux incidents auxquels le nom de sa protégée était, une fois de plus, fâcheusement mêlé. Elle gémit:

— Mais vous ne changerez donc jamais, Miss Imogène? Pourtant, vous m'aviez promis...

— Ecoutez-moi, Mrs. Elroy! Et cessez de pleurnicher, je vous en prie! Vous avez vu aussi bien que moi ce gentleman venu me rendre visite au début d'après-midi, n'est-ce pas? Vous vous êtes rendu compte que je ne le connaissais pas?

— Ça, c'est vrai!

— Il m'a accompagnée au match et pendant que

j'aidais à... à régler un léger différend, on l'a assassiné. Que pouvais-je empêcher?

Vaincue par ce raisonnement logique, Mrs. Elroy se résigna:

— Evidemment, mais comment cela se fait-il que c'est toujours à vous que ces histoires-là arrivent?

Lorsque sa vieille amie eut quitté la maison pour regagner son propre foyer, Imogène ferma soigneusement les portes et les fenêtres, puis revenant s'installer dans le living-room, elle alluma une cigarette et déboucha sa bouteille de whisky. Elle était de nouveau replongée dans l'aventure!... Et, de nouveau, cet imbécile de McClostaugh, incapable de comprendre quoi que ce soit, recommençait à l'embêter... mais quelle importance?

Une seule chose comptait: Fullerton n'avait pas menti. Sa mort prouvait que ses soupçons n'étaient pas imaginaires. Quelqu'un, à Pemberton, avait eu peur d'être démasqué. Mais comment le meurtrier avait-il pu frapper à Callander? S'était-on attaché au pas du malheureux professeur de civilisation britannique? L'avait-on suivi jusque chez Imogène ou l'avait-on simplement vu parler avec elle? Si oui, Miss McCarthery ne tarderait pas à être en danger... le meurtrier supposant que des confidences dangereuses pour lui avaient été faites par Fullerton! A cette idée, un long frisson fort désagréable secoua l'Ecossaise. Mais il n'arrive que ce qui est écrit. Elle vida un verre pour se calmer, puis, tranquille, ferme, sereine, elle décida qu'il lui incombait de reprendre la tâche abandonnée par le professeur. Elle irait à Pemberton solliciter la place laissée vacante par le pauvre garçon. Mais il lui faudrait des parchemins universitaires qu'elle ne possédait pas. Bah! les lui procurer au plus vite ne devait pas être au-dessus des possibilités de sir David Woolish. Consciente d'être, une fois encore, appelée à se battre pour la Justice et pour le Droit, Imogène McCarthery décrocha le téléphone et demanda à l'inter de lui donner un numéro londonien: FRE 99-99. Au bout d'une dizaine de minutes, elle fut mise en communication avec son correspondant qui avait, ma foi, une fort jolie voix.

— Allô!

— Allô! Mr. James Sweeney?

— C'est lui-même.

— Sir, voudriez-vous dire à monsieur votre père qu'Imogène désirerait lui parler?

— Ne quittez pas, je vais voir s'il est rentré.

Le cœur d'Imogène se mit à battre plus vite et quand elle entendit la voix familière disant: « Allô! Imogène? » elle sut que tout recommençait.

CHAPITRE III

Lorsque le superintendent Andrew Copland fut mis au courant du meurtre de Fullerton, il en éprouva la plus vive indignation. Non pas qu'il ressentit une amitié particulière pour ce professeur à peine entraperçu au cours de ses visites, mais qu'on ait pu assassiner un des maîtres de son fils lui apparaissait comme une sorte de sacrilège. Il téléphona à McDougall pour lui exprimer sa façon de voir et lui assurer qu'une pareille aventure se révélait indigne d'un établissement du standing de Pemberton. Le directeur lui jura qu'il était le premier navré de ce qui arrivait et affirma que ce Fullerton ne présentait absolument pas la mine de quelqu'un susceptible de subir une mort violente. Il précisa que pour lui — si le superintendent lui permettait d'avoir un avis en la matière — il devait s'agir d'une erreur. Fullerton avait été pris pour un autre, car il ne pouvait concevoir qu'on l'eût frappé par-derrière. Andrew Copland somma McDougall de venir le voir en fin d'après-midi en vue de s'expliquer sur les raisons l'ayant poussé à engager ce Fullerton dont la manière de quitter l'existence ne correspondait en rien à l'éducation qu'on était supposé donner et recevoir à Pemberton.

Un peu avant midi, le superintendent eut entre les mains le rapport d'Archibald McClostaugh sur le meurtre de Norman Fullerton et son attention fut particulièrement attirée sur les graves soupçons que le sergent faisait insidieusement peser sur cette Imogène McCarthery qu'il détestait. D'abord, Andrew Copland haussa les épaules, persuadé que le policier tentait d'assouvir là sa rancune, mais, ayant lu plus avant, il reconnut que ces soupçons ne semblaient pas sans fondement. Archibald avait surpris la victime en galante conversation avec cette Miss McCarthery et peut-être s'agissait-il bien, après tout, d'une sordide histoire de rupture? Il appela McClostaugh et lui ordonna de se rendre immédiatement à Perth sitôt l'enquête préliminaire du coroner terminée. Le superintendent désirait tirer cette affaire au clair le plus vite possible afin de châtier rapidement le meurtrier, ou la meurtrière, du professeur du collège Pemberton. A ses yeux, la promptitude du résultat effacerait en partie le côté scandaleux de l'aventure. Conscient d'avoir rempli son devoir aussi complètement que possible, Andrew Copland rentra chez lui pour déjeuner, animé du bel appétit des consciences pures de tout reproche et de tout remords. Cependant, la journée ne devait pas se terminer sans une série de surprises dont chacun de ceux mêlés de près ou de loin à la mort de Norman Fullerton allait subir le choc.

Malcolm Nugent, le malheureux arbitre de la rencontre Callander-Doune, fut la première victime. Après l'affreuse ivresse qui le vit rentrer fort tard et encore à demi-inconscient à Perth, il s'était aussitôt couché et n'avait ouvert un œil désabusé que vers midi, au grand effroi d'Agnès, sa femme, le croyant subitement atteint d'encéphalite léthargique. Ce réveil de Malcolm s'inscrivit dans son existence au titre d'une des plus dures épreuves qu'il ait eues à subir. Il ne comprenait pas ce qui lui arrivait. Il lui semblait être coiffé d'un casque de ciment et, chaque fois qu'il bougeait les yeux, il aurait crié de douleur. Quant à sa langue, il ignorait s'il en possédait encore une car sa bouche n'était plus qu'une sorte de pièce de bois fermée à toutes les sensations. A son épouse que ses gémissements inquiétaient, Nugent avoua sa crainte d'être atteint d'une maladie subite et grave mettant peut-être ses jours en danger. Cependant, pour ne pas achever d'affoler complètement Agnès, il décida de n'appeler le docteur que si, au début de l'après-midi, il n'avait pas retrouvé son équilibre, l'absence de fièvre dûment constatée le rassurant un peu. Vers une heure et demie, la sonnerie du téléphone lui vrilla le crâne. Mrs. Nugent répondit et avertit son époux que Gérald Pilchett, représentant de la Rugby Union pour le comté de Perth, désirait lui parler. Même à l'agonie, Nugent eût répondu à Gérard Pilchett qui incarnait à ses yeux ce qu'il aimait le plus au monde, le rugby.

— Allô! Mr. Pilchett?

— Allô! Nugent? Je suis navré de vous apprendre, Nugent, qu'après votre conduite scandaleuse à Callander, conduite qui a suscité la juste indignation des habitants de ce pays, vous êtes rayé des cadres de la Rugby League. Quant à moi, je vous serais obligé, Nugent, d'oublier jusqu'à mon nom. Par respect pour ma famille, je ne tiens pas à ce qu'on puisse me voir

en compagnie du plus monstrueux ivrogne du comté!
Je ne vous salue pas, Mr. Nugent! Et je regrette de
vous avoir connu!

Le déclic de l'appareil qu'on raccrochait résonna
comme un glas dans le cerveau embrumé de Malcolm
Nugent qui, de ce jour-là, commença à vieillir de
façon extraordinaire. Ses voisins mirent cette décré-
pitude aussi soudaine qu'accélérée sur le compte de
mauvaises affaires, mais les initiés prétendaient que
seule la boisson ruinait la santé du quincailler. La
vérité ne se montre pas plus à Callander qu'ailleurs.

Le second choc de cette mémorable journée devait
être réservé à Andrew Copland. Installé dans son
bureau, il digérait béatement l'excellent lunch préparé par sa femme avec le soin qu'elle mettait en
toute chose lorsqu'on l'appela de Londres. Quand le
superintendent apprit qu'il se trouvait en communication avec une des plus hautes autorités de la police
britannique, il avala difficilement sa salive, redou-
tant un blâme, espérant un avancement; les deux
suppositions lui faisant battre le cœur. Mais il ne
s'agissait en rien de ce qu'il avait imaginé. On téléphonait pour lui donner des instructions précises qui
le firent béer d'étonnement, mais, comme on ne
jugeait pas nécessaire en haut lieu de lui fournir des
explications, il s'abstint d'en demander. Lorsqu'il
reprit son cigare, l'esprit un peu perdu, il réfléchit et,
en bon fonctionnaire toujours enclin à approuver les
décisions émanant de supérieurs, il se persuada que
le côté sybillin des ordres reçus indiquait assez l'importance de l'affaire. Etant de nature optimiste, il eut
tôt fait de se persuader que d'y être mêlé pouvait
s'affirmer utile à sa carrière. Il s'apprêta donc à ser-

vir de son mieux et la Couronne et ses intérêts personnels.

En déclarant Norman Fullerton mort par la faute d'une ou plusieurs personnes inconnues, Peter Cornway, le menuisier-coroner de Callander, clôtura une séance qui menaçait de devenir orageuse. La déposition d'Archibald McClostaugh mettant nettement en cause Imogène McCarthery avait déclenché une contre-attaque violente de l'Ecossaise qui le traita publiquement de grand damné crétin, fruit d'amours incompréhensibles. Archibald somma alors le coroner de témoigner de cette injure abominable jetée à la face d'un serviteur zélé de la Couronne, mais Cornway répliqua en rappelant au policier qu'il s'était d'abord permis les insinuations les plus malveillantes à l'égard de Miss McCarthery. Comme à l'ordinaire, Ned Billings, le maire, Ted Boolitt, le cafetier, et William McGrew, l'épicier, se portèrent au secours d'Imogène tandis que les femmes se rangeaient du côté d'Archibald McClostaugh. Le médecin entendu, l'avis de ses assesseurs écouté, le coroner se hâta de rendre le verdict habituel qui donnait le champ libre aux enquêteurs officiels. La rage au cœur, McClostaugh, laissant au constable Tyler le soin de veiller sur la paix de Callander, gagna Perth où il débarqua à l'heure du thé. Il devait y subir le troisième choc que le destin s'amusait à infliger à certains Ecossais de la région, histoire sans doute de les persuader combien il y a loin de l'illusion de la réalité à la réalité elle-même.

Le sergent entra dans le bureau d'Andrew Copland, résolu à démolir complètement Imogène McCarthery contre laquelle, pendant tout le trajet de Callander à Perth, il avait accumulé les présomptions. Le superintendent le reçut avec plus de froideur qu'il ne s'y attendait après le ton aimable de son supérieur, au matin, lui confiant l'intérêt pris à la lecture de son rapport sur la mort de Fullerton et les premiers résultats obtenus quant à la découverte éventuelle de l'auteur du crime.

— J'ai lu votre rapport, sergent. Vous semblez y soupçonner Miss McCarthery d'avoir tué ce Fullerton?

— J'en suis presque certain, sir.

— Vos raisons?

— D'abord, son passé... C'est quelqu'un qui a beaucoup de cadavres sur la conscience!

— Pour la bonne cause, sergent, pour la bonne cause!

— C'est ce qu'on a dit, sir, mais il n'empêche qu'une personne — et plus spécialement une femme — qui se complaît à infliger des morts violentes à ses contemporains est, à mes yeux, naturellement, quelqu'un de pas tellement recommandable!

— J'aimerais vous entendre énumérer des faits, sergent.

— Des faits, sir? Mais tout Callander témoignera que partout où arrive Miss McCarthery, la mort ne tarde pas à se montrer! Je sais, elle s'arrange toujours pour être du bon côté, d'accord, mais, tout de même! D'ailleurs, dès que je l'ai vue agir avec cet homme, j'ai senti ce qui devait se produire!

— Que faisait-elle donc?

— Aussi vrai que je suis là, sir, elle se laissait embrasser les mains!

— Et alors?

— Mais, sir, une femme qui se laisse embrasser les

mains en public est capable de tout! Cet homme qui a été tué aimait — sans doute — pour si incroyable que cela puisse sembler — Imogène McCarthery et il en est mort, sir! Comme en est mort cet inspecteur du Yard qui avait demandé sa main! Jusqu'ici, il n'y en a qu'un seul qui ait échappé en se sauvant à temps: le petit cousin de Mrs. Elroy qui aspirait à la main de cette terrible rouquine! Il a fui tellement vite après une courte conversation avec elle qu'on n'a plus jamais entendu parler de lui dans le pays[1]! Ce Fullerton, d'après mon enquête, n'a eu de contact qu'avec Miss McCarthery. Pour moi, il n'y a pas l'ombre d'un doute: elle l'a tué!

— Pourquoi?

— Elle le dira quand on l'aura enfermée! Mais, pour moi, il refusait de l'épouser!

— Je vois...

Crispé d'impatience, le sergent McClostaugh s'enquit:

— Pensez-vous qu'on puisse l'arrêter, sir?

— L'arrêter? Sergent, prêtez une oreille attentive à ce que je vais vous dire et je vous engage à vous conformer scrupuleusement aux prescriptions suivantes si vous ne tenez pas à accumuler les ennuis: interdiction formelle de toucher à Miss McCarthery, vous entendez? Interdiction formelle! De plus, interdiction d'insinuer, de laisser insinuer qu'elle pourrait être mêlée en quoi que ce soit à la mort de Norman Fullerton! Vous ignorez Imogène McCarthery! Vous ne voyez plus Imogène McCarthery!

— Si seulement c'était possible!

— Pas du tout le moment de faire de l'esprit,

[1] *Imogène est de retour* (même auteur, même éditeur).

McClostaugh, car votre acharnement injuste contre cette respectable demoiselle pourrait vous attirer des inconvénients sévères. Personnellement, je veux oublier vos soupçons qui, pourtant, notez-le, frisaient la calomnie, parce que je sais qu'en agissant de la sorte, vous pensiez travailler pour le bien de la Couronne. Mais, désormais, vous êtes prévenu. Casse-cou, sergent!

Archibald se leva pesamment et plein d'amertume:

— J'ai parfaitement compris, sir. Imogène McCarthery peut entreprendre de purger l'Ecosse tout entière de ses habitants, je ne sais rien, je ne vois rien, je ne bouge pas... Il y en a qui font du crochet, qui tricotent... elle, elle collectionne les cadavres..: Il paraît que c'est bien... Je suis d'accord... Je suis toujours d'accord depuis vingt-six ans, sir.

— C'est la meilleure méthode pour arriver au bout de sa carrière sans ennui.

— La meilleure méthode sûrement, sir... Je suis d'accord, sir. Toujours d'accord... Sergent Archibald McClostaugh toujours d'accord...

Le superintendent regarda son interlocuteur avec autant d'inquiétude que de curiosité:

— Ça ne va pas, mon ami?

McClostaugh le fixa d'un regard halluciné.

— Ma mère me l'avait prédit, sir, mais je n'ai pas cru ma mère...

— Votre mère? Qu'est-ce qu'elle a bien pu vous apprendre votre mère, sergent?

— Qu'on ne doit jamais jouer au clair de lune, sir, et moi, j'y ai joué!

Il leva le doigt:

— Archie, me confiait-elle — si vous continuez à rester dehors par les nuits de pleine lune, votre existence sera hantée par les fantômes et vous finirez dans une camisole de force...

Il brama:

— Ma sainte femme de mère avait raison, sir! Je vois des fantômes! Des fantômes à cheveux rouges et je suis en route vers l'asile psychiatrique mais... mais je suis d'accord, sir! Toujours d'accord depuis vingt-six ans...

Il sortit, oubliant de saluer et le superintendent fut si totalement sidéré qu'il en oublia de le rappeler à l'ordre.

Lorsque le propriétaire de *L'Opossum et le Clergyman,* Reginald Horsburgh, vit entrer le sergent, il lui adressa un bon sourire.

— Alors?... elle n'est pas revenue?

— Qui cela?

— Cette femme aux cheveux rouges qui semblait vous occuper tellement l'esprit la dernière fois que vous étiez ici?

Archibald poussa un gémissement et, se précipitant sur la bouteille de Johnny Walker que le patron avait eu l'imprudence de laisser sur le bar, il en but quatre verres coup sur coup. Reginald Horsburgh le regardait en amateur habitué aux prouesses. Comme son client prenait le temps de respirer, il annonça, paisible:

— Vous en avez déjà pour 7 shillings.

L'émotion fit lâcher prise au sergent, ce dont le patron profita pour récupérer sa bouteille d'une main preste.

— Vous y allez un peu fort pour un policier...

— Et qui n'agirait pas de même à ma place?

— Quelqu'un de raisonnable!

— Et comment voulez-vous être raisonnable, s'il

vous plaît, quand vous entendez un superintendent vous ordonner d'approuver les criminelles?

Reginald Horsburgh redoutait énormément les histoires. Il ne tenait pas à ce que les propos tenus par son client revinssent aux oreilles d'Andrew Copland qui pourrait alors croire que Reginald les approuvait. Il se montra bonhomme:

— Vous devriez rentrer chez vous, maintenant, sergent...

— Je n'ai plus de chez moi parmi les hommes libres... Je suis la victime offerte en holocauste... Ils m'enfermeront, moi, Archibald McClostaugh, vingt-six ans de service, plutôt que de mettre hors d'état de nuire cette diablesse aux cheveux rouges!

Le patron eut un soupir désabusé autant qu'apitoyé:

— Ça vous reprend, hein?

— Je ne respire que lorsqu'elle n'est pas là!

Reginald Horsburgh sortit de derrière son bar, vint passer son bras sous l'aisselle de McClostaugh et le reconduisit à la porte.

— Allez, mon vieux, rentrez tranquillement chez vous... et tâchez de ne plus penser à votre fantôme, hein?

Le sergent eut une plainte susceptible d'attendrir le cœur le plus dur:

— Vous me parlez comme ma mère... ma défunte mère... une bien excellente femme, je vous le jure!

— J'en suis persuadé, mon vieux... Mais croyez-vous qu'elle serait contente de vous voir en cet état?

Perplexe, Archibald partit en s'interrogeant sur ce que le patron de *L'Opossum et le Clergyman* avait voulu dire exactement.

Enfin, le dernier de ceux appelés à être complètement déconcertés par l'enchaînement d'événements qu'ils ne prévoyaient point fut Keith McDougall, directeur du collège Pemberton. Contrairement à son attente, c'est un superintendent détendu, souriant, aimable, qui le reçut tout de suite et le mit à l'aise.

— Bien sûr, mon cher directeur, ce qui s'est passé à Pemberton est fâcheux, extrêmement fâcheux...

D'un ton larmoyant, Keith corrobora l'opinion de son interlocuteur:

— Mrs. McDougall n'en a pas fermé l'œil de la nuit!... Elle s'en veut de n'avoir rien deviné! Je dirai, à sa décharge, que ce Fullerton avait l'air parfaitement comme il faut... Sans cela, je ne l'aurais pas engagé, d'ailleurs.

— Vous savez, Mr. McDougall, il y a aussi des gentlemen qui se font assassiner...

— Vraiment?

McDougall ne réalisait pas qu'un garçon bien élevé put finir de façon aussi vulgaire.

Le directeur de Pemberton s'inclina pour bien montrer qu'il ne doutait pas une seconde du talent et du flair d'Andrew Copland.

— Seulement, en attendant, qui remplacera ce Fullerton?

Bien que surpris d'entendre le superintendent se mêler de la vie intérieure de son établissement, McDougall convint de son embarras, mais il ajouta qu'il allait immédiatement se mettre en quête du successeur de Fullerton.

— Ne vous donnez pas cette peine, cher McDougall... Par hasard, j'ai sous la main la personne la plus apte à remplacer la victime et à donner un lustre supplémentaire à Pemberton...

Il était écrit que le directeur irait d'étonnement en étonnement. Cependant, dans cette initiative du superintendent, il voyait la marque de l'intérêt très vif qu'Andrew Copland portait à Pemberton et il s'en félicita. Le superintendent était fort écouté à Perth. McDougall se répandit en remerciements avant de conclure:

— Puis-je savoir de qui il s'agit?

— Miss Imogène McCarthery.

— Une jeune fille?

— Pas précisément... Pour tout vous expliquer, cher ami, Miss McCarthery, après un long et magnifique service dans les bureaux de l'Amirauté, vient de prendre sa retraite...

— Sa retraite? Mais c'est une dame âgée, alors?

— Détrompez-vous! D'après ce que j'en sais, Miss McCarthery ne tient aucun compte de son âge. C'est une personne autoritaire et prompte à l'action.

— Naturellement, elle possède les titres voulus pour?...

— Cela, je vous en laisse juge... Je n'ajouterai qu'un mot, cher McDougall: en intégrant Miss McCarthery dans votre équipe, vous m'obligerez et vous obligerez plus puissants que moi.

Le ton pénétré pris par le superintendent pour effleurer ce mystère obligea le directeur de Pemberton à se demander si cette McCarthery ne serait pas quelque bâtarde de sang royal soigneusement tenue à l'écart de Buckhingham mais discrètement protégée. Ayant de l'imagination, comme tous les Ecossais, McDougall rentrant chez lui se prenait pour quelque confident tenu en assez haute estime par la Cour pour le faire dépositaire de secrets d'Etat.

Imogène reçut de Londres tout un tas d'admirables et faux parchemins affirmant au monde cultivé que Miss McCarthery avait été l'une des plus brillantes lauréates de Girton College, fondé par la reine Victoria à Cambridge en 1869. D'abord un peu surprise, elle entreprit la lecture de ces papiers apparemment officiels; quand elle eut terminé, elle était presque persuadée d'avoir passé triomphalement ces examens et conquis ces grades de haute lutte. Elle en ressentit une étrange fierté et Mrs. Elroy la trouva plus altière encore que de coutume. Toutefois, elle poussa de grands cris en apprenant qu'à peine arrivée à Callander, Imogène en repartait. Jamais elle ne se ferait au dynamisme de son vieux bébé! Elle invoquait tous les protecteurs célestes de l'Ecosse pour les supplier de mettre quelques grains de bon sens dans l'esprit perpétuellement enfiévré de Miss McCarthery.

— Mais c'est pas Dieu possible que vous vouliez encore courir sur les chemins à votre âge?

— Rosemary, ne soyez pas sotte. Je me rends à Pemberton, au collège!

— C'est-y que vous allez vous mettre à l'étude?

— J'enseignerai.

La femme de charge resta sans voix, mais déjà admirative. Qu'Imogène devint subitement professeur sur le tard de son existence ne la troublait pas tellement, car elle n'était sensible qu'à l'honneur rejaillissant sur ses amis. Miss McCarthery, on pouvait raconter n'importe quoi sur son compte, personne n'empêcherait que c'était quelqu'un! Le soir même, elle obligea son mari à partager son enthousiasme admiratif:

— Songez un peu, Léonard... professeur à Pemberton... c'est quelque chose, non?

— J'ignorais qu'elle avait des diplômes?

— Vous ne savez pas tout, Léonard!

— Et notamment pour quelles raisons vous ne me servez pas mon thé, Rosemary, alors que vous m'avez appelé depuis cinq minutes déjà?

Léonard Elroy s'affirmait, en vieillissant, d'une nature de plus en plus prosaïque, ce qui n'en faisait pas toujours un compagnon bien agréable pour une personne respectable, certes, mais encline à rêver. Naturellement, et selon son habitude, Léonard rapporta la nouvelle à Fergus McIntyre, le garde-pêche, qui se chargea de la transmettre au reste du pays. Les fidèles d'Imogène en conçurent de la fierté, ses adversaires du dépit.

Mrs. McGrew, l'épicière, essaya bien de lutter en déclarant que si elle l'avait désiré, douée comme elle l'était, elle aurait pu entrer à l'université, mais visiblement, ses clientes ne la crurent pas et son mari se contenta de laisser échapper un petit sifflotis entre ses lèvres qui fut jugé par tous plus injurieux que n'importe quel contredit. Il appartint à Margaret Boolitt, la femme de Ted, tenancier du *Fier Highlander*, de résumer l'opinion de ceux qui souhaitaient voir Miss McCarthery au diable, en déclarant publiquement qu'Imogène témoignait d'un drôle de toupet en osant s'installer à la place encore chaude laissée par un homme qu'elle avait peut-être assassiné. La remarque causa une forte sensation, un peu trop même au gré de Margaret qui commença à se demander ce que serait la réaction de son mari lorsqu'il apprendrait ses écarts de langage. Or, ce ne fut pas Ted mais Miss McCarthery qui sut l'affaire. Aussitôt, elle se rendit au *Fier Highlander* où Boolitt la reçut avec amitié.

— Alors, il paraît que vous nous quittez, Miss Mc-Carthery?

— Oh! je ne vais pas loin... Pemberton...

— J'espère que vous vous y plairez sans pour autant oublier Callander et vos amis?

— Ni mes ennemis, Ted... et, à ce propos, je serais heureuse de dire deux mots à votre femme?

Intrigué, le tenancier héla son épouse tandis que l'attention des consommateurs se figeait. A la vue d'Imogène, Margaret Boolitt sentit son cœur s'emballer. Elle eut de la peine à prononcer:

— Vous m'avez appelée, Ted?

— Miss McCarthery souhaiterait vous parler, Margaret.

Mrs. Boolitt avala péniblement sa salive et adressa à la grande Ecossaise une grimace se voulant sourire tandis que la gorge serrée, elle croassait:

— Que puis-je pour votre service, Miss?

— Vous taire, Mrs. Boolitt!

Du coup, Ted, posant le verre qu'il essuyait, s'approcha. Perdue pour perdue, Margaret crâna:

— Vous êtes difficile à comprendre, Miss McCarthery!

— Ne craignez rien, je suis venue m'expliquer! Vous savez ce qu'est la diffamation, Mrs. Boolitt?

— Eh bien! c'est...

— C'est quand on accuse une personne absente et, donc, dans l'incapacité de se défendre, d'actes pouvant porter atteinte à sa réputation, ainsi que vous l'avez fait cet après-midi en déclarant que je pouvais bien être la meurtrière de ce pauvre Fullerton assassiné durant le match entre les Invincibles et les Bull-Dozer!

D'une voix dont la sinistre douceur contenait un écran de menaces, Ted demanda:

— Vraiment, Margaret, vous vous êtes permis de salir Miss McCarthery?

— Je vous assure, Ted...

Impitoyable, Imogène poursuivait:

— Savez-vous, Mrs. Boolitt, que je pourrais vous attaquer en justice et vous ruiner? Vous avez bien de la chance d'avoir épousé le meilleur homme du monde et qui était l'ami de feu le capitaine mon père!

Bouleversé, Boolitt lui prit la main et la serra avec chaleur. Par la suite, Thomas, le garçon, affirma qu'il n'avait jamais été aussi ému que par ce spectacle simple et touchant d'une amitié indéfectible. Miss McCarthery se dégagea doucement et sans que personne ait pu prévoir son geste, elle appliqua un bien joli soufflet sur la joue de Mrs. Boolit en déclarant:

— Ce sera tout pour cette fois, Mrs. Boolitt!

L'épouse de Ted, pâle de rage, chercha des yeux ce qu'elle pourrait jeter à la tête de son ennemie, mais son mari intervint:

— Si j'étais vous, Margaret, j'irais me cacher dans la cuisine, à moins que vous ne teniez à ce que je vous corrige en public pour vous apprendre à tenir votre damnée langue!

De l'avis général, Imogène s'était, une fois encore, conduite avec cette tranquille audace caractérisant les âmes exceptionnelles et qu'il ne faudrait pas s'étonner si Mrs. Boolitt se laissait aller à boire pour oublier le sanglant affront qu'on lui avait infligé.

Mis au courant de ces menus événements par le constable Tyler qui tenait absolument à convoquer Miss McCarthery pour la morigéner, le sergent McClostaugh l'en empêcha:

— Non, Tyler, je vous interdis d'importuner cette maudite fille!

— Mais, chef, la loi...

— Miss McCarthery est au-dessus des lois, Sam! Si vous l'ignoriez, je vous l'apprends!

— Mais, enfin, chef...

— Pas de commentaires, Tyler! Sachez que Miss McCarthery peut tout se permettre! S'il lui prend fantaisie de transformer l'Ecossais adulte en gibier, nous n'aurons pas à protester! A croire, Samuel, que la Couronne ne tient que parce que cette grande bringue vit et respire! Sur ce, plus un mot, sinon je risque une nouvelle poussée de fièvre... et si vous prononcez encore une fois, une seule fois, le nom de cette créature en ma présence, je vous vide mon revolver dans les tripes, Tyler, malgré toute la sympathie que je vous porte et, ensuite, je me fais sauter la cervelle! Que ce soit bien entendu!

Ayant reçu une réponse enthousiaste de McDougall qui lui avouait avoir été impressionné par les diplômes adressés en avant-garde, Imogène décida de se rendre le soir même à Pemberton.

Le collège de Pemberton se dresse sur les bords de l'Artney, à égale distance de Callander et de Comrie, dans un site sauvage. Son isolement enchante et rassure les parents dont les enfants ne sont pas encore en âge de fréquenter les universités et qui savent trouver, à Pemberton, une éducation solide sous la férule de Keith McDougall, une nourriture simple mais saine, grâce à Moira McDougall, et une vie au grand air incomparable. Toutes les familles aisées du comté de Perth, se disputent les places de Pemberton, à la grande satisfaction des McDougall qui voient s'approcher le moment où, fortune faite, ils pourront se retirer dans le pays natal de Moira, à Drummadrochit, près du Loch Ness. La mort tragique de Fullerton avait à peine terni leur euphorie.

Parce que déjà la proie de l'atmosphère qu'elle s'imaginait trouver à Pemberton — et qu'elle inventait depuis qu'elle s'était décidée à tenter d'élucider le meurtre de Norman Fullerton — Imogène jugea qu'il serait plus impressionnant pour le coupable qu'elle arrivât au crépuscule, un peu comme un spectre de la vengeance. Aucun Britannique, quelles que soient ses origines, ne parvient jamais à se désintoxiquer de Shakespeare. Miss McCarthery se flattait qu'en la voyant apparaître raide comme la justice et inexorable comme elle, le meurtrier se troublerait, se révélant du même coup à ses yeux sagaces. Elle s'attacherait alors à ses pas jusqu'à ce que, vaincu, il s'effondrât à ses pieds en confessant son crime et en en demandant pardon. Une pareille vision enivrait Imogène et la faisait piaffer d'impatience.

Sollicité, le coroner Peter Cornway accepta de la conduire en voiture jusqu'à Pemberton. Le départ fut fixé à six heures. Bien que les chemins fussent difficiles, on couvrirait la douzaine de kilomètres séparant Callander de Pemberton en une petite demi-heure et, de cette façon, Imogène pourrait franchir la porte du collège à cette heure intermédiaire où le jour cède à la nuit, où les âmes les plus dures sont en état de moindre résistance.

Le constable Samuel Tyler entra en courant, et aussi vite que lui permettaient ses pieds constamment douloureux, dans le poste de police où le sergent McClostaugh rêvassait à sa retraite. Archibald faillit choir de sa chaise tant son émotion fut grande à la vue de son adjoint. Il pensa tout de suite à un cataclysme du genre incendie, tremblement de terre, inondation, explosion souterraine, mais, rapidement, ces calamités naturelles furent remplacées dans son esprit par la silhouette exécrée et, résigné, il interrogea Samuel qui ne parvenait pas à retrouver son souffle :

— C'est elle, n'est-ce pas ?

Tyler hocha la tête affirmativement. McClostaugh boucla son ceinturon et posa son casque sur la tête tout en s'enquérant :

— Qui a-t-elle tué ?

Le constable, ayant récupéré ses possibilités d'élocution, lança joyeusement :

— Personne !

Archibald le regarda, incrédule :

— Vous êtes sûr, Sam ?

— Sûr, chef. Elle s'en va !

— Elle s'en va ?

— Elle entre ce soir comme professeur au collège Pemberton ! C'est Peter Cornway qui l'emmène dans sa voiture ! Dès que j'ai su la chose, j'ai couru vous prévenir...

McClostaugh posa son casque, déboucla son ceinturon qu'il remit sur le dossier de son fauteuil et, allant à Tyler, il le prit aux épaules en lui déclarant d'un ton solennel :

— Sam, si j'étais la reine, je vous ferais lord pour cette magnifique nouvelle... mais comme je ne suis qu'un petit fonctionnaire de la Couronne, je me permettrai, avec votre accord, de vous embrasser!

— Avec joie, chef!

Ce fut une minute émouvante que celle où deux fidèles policiers de Sa Gracieuse Majesté tombèrent dans les bras l'un de l'autre pour s'accoler fraternellement. L'émotion des deux hommes s'expliquait car ils baignaient dans cette allégresse particulière emportant ceux ayant échappé à un malheur jugé inévitable et qui les pousse à une philantropie aussi soudaine qu'éphémère. McClostaugh et Tyler étaient si totalement la proie de leur commun bouleversement qu'ils n'entendirent point entrer Miss McCarthery. Devant le tableau de ces deux policemen emmêlés et s'embrassant sur les joues, elle s'arrêta net et parut plongée dans une sorte de catalepsie. McClostaugh tournait le dos à la porte et s'écartant légèrement de son collègue qu'il tint à bout de bras, il clama plus qu'il ne dit:

— C'est donc vrai, Sam, que nous allons goûter de nouveau le calme d'une existence bien tranquille? Ah! Sam, je n'oublierai jamais cet instant, dussé-je vivre mille ans! Je n'éprouvais plus aucune envie de tenter de résoudre le problème d'échecs du *Times* mais, maintenant, je sens que je vais en venir à bout en quelques minutes! Et cela, grâce à vous, mon cher, mon bon, mon irremplaçable ami!

Toutefois, contrairement à l'attente du sergent, le visage du constable ne reflétait pas un enthousiasme frère du sien. Les yeux légèrement desssillés, la bouche entrouverte, le regard passant nettement au-dessus de l'épaule de son chef, Tyler paraissait perdu à mille lieus de là. Intrigué, Archibald se tut et se retourna pour savoir ce que son subordonné fixait avec tant d'insistance. En apercevant Imogène, il faillit tomber en syncope. Il fléchit sur ses jambes et se rattrapa à la tunique de Tyler qui, déséquilibré, manqua choir avec lui. Imogène, revenue de sa surprise en face de ces épanchements inattendus, s'enquit:

— Vous vous entraînez pour un numéro de cascadeurs?

Le son de cette voix haïe rendit son sang-froid au sergent. Il se redressa, tira sur les pans de sa veste et s'inclinant devant Miss McCarthery:

— Sans doute, venez-vous nous annoncer que vous avez cru bon d'augmenter le pourcentage de la mortalité dans le comté de Perth, Miss? Dans ce cas, suivant les instructions reçues, je ne puis que vous approuver et me mettre, avec le constable Tyler, à votre entière disposition si besoin est. Je me permettrais, cependant, si vous m'y autorisez, Miss, de vous conseiller la mitraillette, ainsi vous pourriez mettre les bouchées double, triple, qudruple, et il ne faudrait que très peu de temps, j'en suis sûr, pour que Sam et moi veillions sur l'ordre dans un désert!

— Ça ne va pas, Archie?

— Et pourquoi cela n'irait-il pas, Miss, à votre avis?

— Je n'en sais rien, mais j'entre ici, pour vous voir dans les bras de Tyler et vous embrassant comme deux amoureux... Serait-ce un nouveau règlement de la police?

Embêté, Tyler se dandinait comme un ours ayant un anneau passé dans le nez tandis que le sergent, gêné, rougissait — ce qui, d'ailleurs, ne se voyait pas, le whisky ayant, depuis longtemps, donné au cher homme un teint de brique cuite.

— Il s'agissait d'un simple élan d'amitié, Miss...

— De plus, Archie, vous me tenez un discours incompréhensible! A vous entendre — et quelqu'un qui ne connaîtrait pas votre goût pour la plaisanterie — on s'imaginerait que je suis de mœurs sanguinaires, alors que je suis la femme la plus tendre, la plus compréhensible qui soit née au vieux pays!

McClostaugh vacilla et dut se faire violence pour ne pas tomber sur son ennemie à bras raccourcis. Sans élever la voix, il lâcha:

— La femme la plus tendre, la plus compréhensive, hein? Eh bien! moi, je vous assure, Miss McCarthery, que vous êtes la plus monstrueuse garce que la terre d'Ecosse ait jamais produite! A côté de vous, les vampires ont l'innocence des bêtes à bon Dieu et le seul qui pourrait vous épouser, c'est le monstre du Loch Ness... et encore, à condition que vous le preniez par surprise!

Tyler n'admettait pas — tout en reconnaissant que le sergent possédait de sérieuses raisons d'en vouloir à Imogène — qu'on parlât sur ce ton à son ancienne compagne de jeux et dont le papa fut le plus distingué ivrogne de Callander.

— Chef, vous ne devriez pas...

Mais il ne put continuer car McClostaugh, se tournant vers lui, l'interrompait:

— Vous me trahissez déjà Sam?

Il y avait dans cette simple interrogation un tel monde de douleurs, d'amertume, d'écœurements, que Tyler, bouleversé, quitta la pièce. Imogène en profita pour reprendre l'initiative des opérations.

— Archie, si je ne vous savais pas le plus stupide de tous les policemen du Royaume-Uni, je vous aurais déjà sauté dessus, mais je vous aime tel que vous êtes. A votre âge, vous n'avez plus aucune chance de devenir intelligent et j'espère bien que lorsque vous serez mort, on vous fera empailler pour vous laisser durant toute l'éternité dans ce bureau qu'on visitera comme on visite la maison de « la jolie fille de Perth »; mais, ici, ce sera pour admirer le plus parfait crétin ayant jamais vécu sous la calotte céleste. Sur ce, mon bon Archie, si vous pouvez encore faire l'effort de suivre un raisonnement élémentaire, apprenez que je suis venue vous annoncer mon départ.

— Loué soit l'Eternel! Nous chanterons sa gloire!

— Pas trop fort, Archie, parce que vous chantez abominablement faux! On risquerait de vous en tenir rigueur là-haut...

— Ecoutez, Miss McCarthery, je suis disposé à encaisser toutes vos injures si vraiment vous partez?

— Je suis engagée au collège Pemberton!

— Pour laver la vaisselle?

— Là, Archie, vous exagérez... Malgré ma patience, en dépit de l'amitié que je vous porte... si vous continuez sur ce ton, je gagnerai Pemberton avec votre barbe en signe de trophée!

— Alors, vous prenez la direction du collège?

— Non plus... J'y donnerai un cours de civilisation britannique...

— Vous? Un cours de civilisation!

— Moi.

— Mais... ils ne vous connaissent donc pas?

— Ils connaissent mes diplômes... Cela leur suffit.

— Je n'aurais pas cru qu'il y ait encore tant de gens arriérés dans le comté de Perth... Mais, dites-moi, Miss, ce Fullerton qu'on a assassiné chez nous, n'était-il pas dans ce même collège?

— Exactement.

— Ah! je comprends!

— Qu'est-ce que vous comprenez, mon cher Archie?

— De deux choses, Miss: ou vous avez décidé d'éliminer tout le corps professoral de Pemberton, ce qui vous vaudra, je n'en doute pas, les félicitations du superintendent; ou vous allez une fois de plus coller votre damné nez dans une affaire qui ne vous regarde pas!

— J'ai peu connu Mr. Fullerton, mais suffisamment, cependant, pour ne pas accepter que sa mort demeure impunie! Etes-vous capable de comprendre cela, Archie?

— Je comprends surtout, Miss, que Pemberton dépendant de mon autorité, vous me réservez encore des heures joyeuses!

— Plaignez-vous, ingrat!

— Je ne me plaindrai pas, Miss, le jour où j'irai établir le constat de votre décès par le fer, le feu, l'eau ou le poison!

— Comme vous cachez maladroitement votre jeu, Archie! Au fond, vous ne pouvez pas vous passer de moi... Au revoir et, je l'espère, à bientôt!

Lorsque le constable Samuel Tyler osa se représenter devant son supérieur hiérarchique, il le trouva tassé dans son fauteuil et qui riait aux anges. Le constable eut soudainement peur que la raison du sergent ait lâché.

— Chef?... Chef?... C'est moi... Tyler? Votre ami Samuel?

McClostaugh tourna vers lui un regard parfaitement vide puis, se levant, il alla à l'armoire, l'ouvrit, empoigna la bouteille de whisky toujours renouvelée et la porta à ses lèvres. Sous les yeux admiratifs du constable, il en vida la moitié sans respirer. Reprenant son souffle, il éructa bruyamment avant de déclarer:

— Il paraît que je ne peux pas me passer d'elle! Moi! Moi qui voulais la voir à six pieds sous terre!... Sincèrement, Sam, maintenant qu'elle est à la retraite, croyez-vous qu'elle aurait des vues sur moi?

Pensant à une plaisanterie, le constable voulut en remettre:

— C'est bien possible, chef... Vous feriez un beau couple tous les deux!

Les yeux d'Archibald McClostaugh parurent devoir jaillir de leurs orbites. Il oscilla un instant, comme si l'opinion du constable cheminait dans son esprit déjà un peu embrumé par le whisky. Puis, levant la bouteille jusqu'à sa bouche, il la vida. Stupéfait, Samuel, pourtant habitué aux solides buveurs, se demanda de quelle façon Archibald allait réagir à une pareille ingestion d'alcool. Il eut très vite la réponse. McClostaugh lâcha la bouteille qui roula sur le plancher, regarda autour de lui comme s'il apercevait un spectacle surnaturel, eut un soupçon de rire chevrotant et, d'un bloc, s'écroula de toute sa hauteur sur le parquet où son front, en cognant le bois, fit un bruit sourd qui résonna jusque dans la colonne vertébrale de Tyler horrifié et persuadé que Miss McCarthery venait de commettre, sans s'en douter, son premier meurtre.

Un vieillard étant décédé subitement à la suite d'une longue maladie, il fallut l'enfermer très vite

99

dans un cercueil et ce fut la raison pour laquelle Peter Cornway ne put emmener Miss McCarthery à l'heure dite. Imogène dut patienter et quand enfin le coroner-menuisier se déclara en état de partir, il était tout près de vingt heures et la nuit tombait. Ayant annoncé son arrivée pour ce jour-là à Pemberton, Imogène jugea qu'il valait mieux se présenter tard que de remettre son voyage au lendemain. Elle n'aimait pas à manquer de parole. Cornway — s'il n'avait tenu qu'à lui — aurait volontiers reporté la promenade car, pour tout dire, il ne goûtait guère les sorties nocturnes dans la lande. Certes, il n'ajoutait qu'une foi relative aux histoires de gnomes, farfadets et autres lutins, mais, enfin, dans un pays où le fantôme est monnaie courante, on peut croire à l'existence d'autres êtres surnaturels pas spécialement bien disposés à l'égard des vivants. Toutefois, la présence d'Imogène à ses côtés le rassurait. Il estimait que le plus résolu des génies de la lande hésiterait avant de s'en prendre à l'Ecossaise aux cheveux rouges.

Peter Cornway se trompait et, à quelques miles de Callander, les ennuis commencèrent. Le moteur de la voiture — qui devait nourrir la même aversion que son propriétaire pour les étranges habitants de la lande — se mit soudain à hoqueter, à râler, puis se tut, et le silence d'un moteur est pire que les plus affreux bruits qu'il soit capable d'émettre. Cornway ôta sa veste, frissonna longuement et souleva le capot de la voiture. Après une heure d'efforts, on repartit. Peter muet, Imogène faussement sereine, tous deux attentifs aux plaintes d'un vent semblant arriver d'un autre monde. A moins d'un mile de Pemberton, la voiture tomba de nouveau en panne. Peter ausculta la mécanique et conclut que ce serait long. Enervée, Miss McCarthery décida de gagner le collège à pied, à la stupeur admirative de son compagnon qui, devant tant de fermeté, n'osa pas avouer qu'il grelottait de peur à l'idée de rester seul.

Laissant donc à Peter le soin de lui apporter sa malle lorsqu'il en aurait terminé, Imogène, munie d'un léger bagage, se mit en route. Sitôt qu'elle se fut éloignée, Cornway déboucha la bouteille de whisky cachée dans le coffre à outils afin d'y puiser l'assurance dont il manquait. Pendant ce temps, Miss McCarthery, croyant entendre dans la longue haleine du vent sur la lande les rumeurs de l'armée de Robert Bruce se préparant à étriller les Anglais à Bannockburn, avançait à grands pas, son nez puissant humant les parfums de la nuit et le regard fixé sur des visions pour elle seule réelles. Elle eût été évidemment mieux inspirée de regarder le chemin car, au bout d'un quart d'heure, lorsqu'elle cessa d'entendre les *bag-pipers* des soldats écossais jouant dans sa mémoire et qu'elle reprit contact avec le monde du XXe siècle, elle dut reconnaître qu'elle était complètement perdue et incapable de se rappeler à quel moment et à quel endroit elle avait bien pu quitter le chemin de Pemberton pour se retrouver les pieds dans un terrain marécageux. Elle connut un court instant d'abattement mais s'étant imaginé percevoir le ricanement moqueur d'Archibald McClostaugh, elle se reprit et s'en fut d'une allure décidée à la recherche du collège, du chemin qui y menait, voire de l'auto de Peter Cornway. Une heure et demie plus tard, elle n'avait rencontré ni les uns, ni les autres.

Loin de soupçonner les difficultés de sa passagère,

Peter Cornway, ayant vidé sa bouteille de whisky, s'allongea sur la couverture qu'il ne manquait jamais d'emporter et, sans se soucier du froid, s'endormit de ce sommeil parfait où les ivrognes rejoignent les enfants. Pendant ce temps, Imogène errait et un berger — parti à la recherche d'un mouton — qui l'aperçut de loin se jeta au sol, les yeux fermés, les poings sur les oreilles, convaincu d'avoir vu une de ces sorcières qui, jadis, entretenaient des relations suivies avec les chefs de clan et que la mort n'allait pas tarder à lui faire signe. Lorsque Miss McCarthery se résolut à admettre son incapacité absolue à se diriger à travers des étendues où le brouillard laissait traîner des écharpes floconneuses, elle se résigna à appeler au secours. Elle poussa une sorte de long hululement qui laissa croire à Duncan Ferguson — dormant dans sa cabane à un quart de mile de là — au retour des loups de sa jeunesse. Quant au berger, il renonça à retrouver son mouton et arriva à son étable l'écume aux lèvres pour passer le reste de la nuit en prières afin de supplier saint Ninian de l'oublier encore un moment parmi les vivants. Peter Cornway, sur sa couverture et sous l'influence du whisky, rêvait qu'il était reçu à Buckingham Palace et que la reine Elisabeth II lui offrait de reprendre la couronne d'Ecosse.

Au collège Pemberton, tout le monde dormait ou aurait dû dormir. Pourtant, la porte du bâtiment réservé aux jeunes filles s'ouvrit tout doucement et Alison Kyle, une élève de deuxième année, son manteau de pluie bien serré contre elle, se glissa dans le parc que la lune éclairait d'une lumière aussi romantique que blafarde. Mettant tous ses soins à suivre les pans d'ombre, à éviter le moindre bruit, elle gagna le petit banc de pierre près de la porte de service où Gerry Lymb, un grand de quatrième année, l'attendait. Alsion trouvait Gerry le plus beau garçon du monde et Gerry estimait qu'on pouvait parcourir toute l'Ecosse sans avoir la moindre chance de rencontrer une aussi jolie fille qu'Alison. Le père de cette nouvelle Juliette habitait Dundee où il gagnait beaucoup d'argent en fabriquant de la marmelade d'orange tandis que l'auteur des jours de Roméo version 61 demeurait à Kirckcaldy où il mettait également beaucoup de livres sterling de côté grâce à son usine de linoléum. Les deux chefs de famille avaient cru bon de loger leur progéniture respective à Pemberton dont l'éloignement leur garantissait un séjour studieux; mais en Ecosse, comme partout ailleurs, l'amour déjoue les plans les mieux établis. Gerry et Alison étaient bien décidés à s'épouser, seulement ils avaient assez de jugeotte pour admettre que leurs parents attendaient autre chose qu'un mariage de leur séjour à Pemberton. Ils s'en désespéraient et ne comprenaient pas comment les « vieux » pouvaient attacher de l'importance à ce qui n'était pas l'amour. Ils s'estimaient incompris et, maudissant leur jeunesse, ils rêvaient à deux de fuite ou de suicide dont la seule évocation leur mettait des larmes dans les yeux. De parfaits petits Ecossais.

Les mains emmêlées, ils se confiaient une fois de plus toutes les jolies choses qu'ils pensaient l'un de l'autre, stigmatisaient la sévérité supposée de pères qu'ils n'osaient pas mettre au courant et la sottise des hommes inventeurs de lois iniques refusant le droit de se marier à ceux n'ayant point atteint un âge arbitrairement fixé, quand Alison se tut brusquement tandis que sur son visage passait une ombre d'inquiétude.

Dans un souffle, elle demanda:

— Vous avez entendu, Gerry?

Plein de bonne volonté, il se concentra, mais finit par avouer qu'il ne percevait aucun bruit anormal. Alison se rapprocha de lui, tremblante, ce qui ne déplut pas tellement au garçon. Elle chuchota:

— Gerry... ce ne serait pas un fantôme?

Bien qu'Ecossais, il eut un ricanement supérieur:

— Allons, *darling,* vous savez bien que les fantomes sont un article d'exportation?

Elle se dégagea brusquement pour le contempler, stupéfaite:

— Vous... vous ne croyez pas aux fantômes?

Elle attendit, anxieuse, la réponse comme la croyante interrogeant celui qu'elle aime mais dont elle redoute l'incrédulité. Il sentit son inquiétude et la serrant contre lui:

— Vous n'en avez jamais vu, n'est-ce pas?

— Non, bien sûr, mais...

— Et vous n'en verrez jamais, je vous en donne ma parole!

Bien que décidée à croire celui qu'elle aimait et qui, donc, ne pouvait se tromper, Alison hésitait à renier ce à quoi elle ajoutait foi depuis seize ans. Elle s'apprêtait à protester pour la forme lorsqu'elle entendit distinctement le bruit de la porte dérobée qui s'ouvrait. Elle poussa un gémissement de frayeur en enfouissant sa tête dans la poitrine de Gerry, pas tellement rassuré lui non plus car, ce coup-ci, il avait attrapé l'écho anormal. Il suggéra à l'oreille de sa compagne:

— Je pense qu'il serait prudent de rentrer, *darling*?

Sans relever la tête, elle protesta d'une voix étouffée:

— S'il y a un fantôme dans le parc, je ne bougerai pas!

— Je vous jure, Alison, qu'il n'y a pas de fantôme!

Rassérénée par le ton mâle de cette affirmation, la jeune fille se redressa, se leva, rajusta son vêtement de pluie et comme elle se tournait vers le collège, elle distingua à quelques pas d'elle, auréolé d'une lueur blafarde par la lune complice, un spectre. Avant de tomber évanouie, elle poussa un hurlement qui eut pour effet presque immédiat de faire s'allumer nombre de fenêtres tandis que Gerry, bégayant d'épouvante, ne songeait plus à sa bien-aimée et ne cessait de répéter, éperdu:

— Lady Macbeth!... Lady Macbeth!... Lady Macbeth!...

Alors, la voix claironnante de Miss McCarthery le fouaillant lui rendit ses esprits:

— Pas le moment, jeune homme, d'étaler votre érudition! Vous feriez mieux de vous occuper de cette petite qui me semble avoir de l'eau dans les veines! Vous êtes Ecossais?

Complètement désaxé, Gerry ne savait plus du tout où il en était:

— Oui...

— Et elle?

— Elle aussi.

— Je ne l'aurais pas cru! De mon temps, nous ne

nous évanouissions pas pour un oui, pour un non!

Alison, dont nul ne se souciait, revenait doucement à elle et, ouvrant les yeux, faillit se remettre à crier en voyant cette grande femme rousse qui la fixait, mais Imogène prévint un nouvel évanouissement d'un sec:

— Allons, levez-vous! Ce n'est pas une tenue pour une jeune fille comme il faut! Et, d'abord, je voudrais bien savoir ce que vous fabriquez dans ce parc, tous les deux, à cette heure-ci?

Alison, certaine de ne plus avoir affaire à un fantôme, rétorqua tout aussi sèchement:

— Et vous?

Avant que Miss McCarthery eût réagi à cette insolence qui la cabrait, un homme en robe de chambre apparut, une lampe électrique à la main.

— Que se passe-t-il donc? Qui a crié?

Alison confessa que c'était elle et qu'elle avait agi de cette sotte manière parce qu'elle avait eu peur de cette dame surgissant brusquement devant elle dans un rayon de lune.

— Si vous étiez restée dans votre chambre, ainsi que le règlement l'exige, Alison Kyle, et vous aussi, Gerry Lymb, vous n'auriez pas eu cette émotion. Rentrez chez vous, mais il faudra vous expliquer de cette escapade devant le Conseil de Discipline.

Pendant que ce gentleman — à qui Imogène donnait dans les quarante-cinq ans — intimait ses ordres sur un ton courtois mais ferme, Miss McCarthery l'observait. Un garçon sûrement bien élevé. Ni beau, ni laid mais sympathique. L'air fatigué et le visage marqué. Une très jolie voix à l'accent étudié qui sentait son Oxford d'une lieue, mais un Oxford dont on se fût appliqué à atténuer les excès. Cet intéressant gentleman contempla un instant Miss McCarthery et eut de la peine à ne pas trahir sa surprise. Il est juste de remarquer qu'Imogène se présentait dans un assez piteux état. Elle avait longuement marché dans la lande, tournant le plus souvent en rond sans s'en rendre compte. Fatiguée, écœurée par cette course sans but, elle s'était salie dans les flaques de boue, déchirée aux buissons, dépeignée dans des chutes imprévisibles et avait rencontré, par hasard, le mur d'enceinte du parc de Pemberton. Partant dans le mauvais sens, elle avait atteint la porte basse peu utilisée mais jamais fermée.

— Puis-je vous demander, Mrs., à qui j'ai l'honneur?...

Mais on ne prenait pas Imogène avec du miel.

— Je pense qu'il serait plus correct que vous vous présentiez le premier?

— Owen Rees. Depuis quatre ans, j'enseigne l'anglais à Pemberton.

— Je suis Imogène McCarthery.

— Ne me dites pas que vous êtes le professeur que nous attendions dans la soirée en remplacement de ce pauvre Fullerton?

— Et pourquoi ne vous le dirais-je pas? Vous me déplaisez infiniment, Mr. Rees, j'ai le regret de le constater!

L'interlocuteur d'Imogène éclata de rire:

— Eh bien! c'est malheureux, car vous m'êtes sympathique, Miss McCarthery! Mais, attention, voici l'honorable McDougall en personne avec sa garde!

Le cheveu ébouriffé, l'œil globuleux, Keith McDougall, drapé dans une robe de chambre aux couleurs rouge, vert, blanc et bleu, du tartan de son clan, glapit:

— Est-ce une farce de votre part, Rees? Dans ce cas, je vous avertis que....

Imperturbable, Rees lui coupa la parole:

— Mr. McDougall, permettez-moi de vous présenter Miss Imogène McCarthery qui remplace notre cher Fullerton.

Keith McDougall et les deux hommes qui l'accompagnaient — l'un en survêtement de sport vert pomme, l'autre en pantalon et veste d'intérieur — contemplèrent l'Ecossaise avec des yeux ronds. Keith se détourna pour regarder Owen Rees qui baissa affirmativement la tête. De son côté, Imogène commençait à être horripilée. Elle attaqua:

— Vous avez une bien curieuse manière de recevoir les gens à Pemberton?

Dès qu'on touchait à son collège, Keith s'enflammait:

— C'est-à-dire, Miss, que nous n'avons pas encore l'habitude de recevoir à une pareille heure de la nuit et dans cette tenue! Quoi qu'il en soit, permettez-moi de vous souhaiter la bienvenue à Pemberton et de m'étonner de cette arrivée assez inattendue?

Imogène raconta son pénible voyage, et quand elle sut que Cornway n'était pas arrivé avec sa malle, elle entra dans une colère qui inquiéta le directeur tandis qu'elle amusait Rees, persuadé que la nouvelle venue allait apporter de l'animation au vieux collège. Après s'être apitoyé sur son sort, McDougall lui présenta les assistants:

— Sans doute connaissez-vous déjà Owen Rees, notre professeur d'anglais... Voici Gordon Baxter, qui enseigne les sciences naturelles et s'occupe des sports... (le garçon en survêtement s'inclina) et Dermot Stewart, chargé de l'histoire et de la géographie...

Baxter se présentait sous l'aspect d'un garçon court et trapu qui — jugea Imogène — devait posséder du sang gaëlique dans les veines. Au contraire, Steward, grand, mince et blond, avait encore la grâce un peu gauche de sa jeunesse. Vraisemblablement, Pemberton était son premier poste au sortir de l'université.

Après les présentations, alors qu'on s'apprêtait à conduire Imogène dans sa chambre, McDougall se souvint du cri ayant déclenché cette descente dans le parc. Il réclama des explications et quand il sut qu'Alison Kyle et Gerry Lymb se trouvaient ensemble dans le parc à cette heure de la nuit, au mépris du règlement et de toutes les convenances, il promit de châtier sévèrement les coupables. Il se lançait dans la série des punitions qu'il réservait au couple fautif lorsqu'une fenêtre demeurée sans lumière jusqu'ici s'éclaira brusquement, s'ouvrit avec fracas pour laisser émerger le torse d'un athlète quinquagénaire, poilu jusqu'aux yeux et qui hurlait:

— C'est bientôt fini ce boucan? Vous êtes tous fous, ma parole? Comment pensez-vous que je puisse reposer mon esprit enfiévré si vous menez ce tapage?

A la grande surprise de Miss MacCarthery, Keith McDougall se fit très humble.

— Excusez-nous, Mr. O'Flynn... un incident anti-disciplinaire dont nous parlerons demain matin, si vous le voulez bien?

— Ce que je veux, c'est qu'on me fiche la paix ou je ne tarderai pas à quitter cette boîte et les forcenés qui y habitent!

— Je vous assure, Mr. O'Flynn...

Miss McCarthery, stupéfaite qu'on pût se laisser parler sur ce ton, attendit une réaction des professeurs qui l'entouraient, mais, comme cette réaction ne se produisait pas, elle crut de son devoir de défendre l'honneur du collège auquel elle s'estimait intégrée et s'avança sous la fenêtre de l'olibrius:

— Ça suffit! Vous devriez avoir honte de beugler comme un charretier!

Surpris par cette attaque inattendue tout autant que par le spectacle qu'offrait Imogène, O'Flynn resta un moment sans voix avant de gémir.

— Seigneur! Qu'est-ce que c'est ça?

Du coup, Imogène vit rouge:

— Ça, espèce d'arriéré d'Irlandais, c'est une Ecossaise qui n'a jamais su encaisser les ivrognes de votre satané pays!

Les assistants médusés — sauf Owen Rees qui n'aurait pas donné sa place pour un millier de livres sterling — virent distinctement l'énorme poitrine de Patrick O'Flynn se dilater pour une inspiration formidable avant que la grosse voix ne rugisse:

— Par saint Colomban, je vais casser en deux cet épouvantail écossais!

Pendant que O'Flynn disparaissait de sa fenêtre pour metre son projet à exécution, Keith McDougall, Gordon Baxter et Dermot Steward se hâtaient d'entraîner Imogène vers sa chambre où on la poussa vivement. Avant de refermer la porte, le directeur tint à préciser:

— Le breakfast est à sept heures trente, Miss... Bonne nuit!

Mais longtemps encore les couloirs du cottage occupé par le corps enseignant résonnèrent des cris de Patrick O'Flynn lançant, au nom de l'Eire, un défi à l'insolente Ecossaise qui luttait contre elle-même pour ne pas se jeter au-devant de son adversaire et lui montrer que les filles des Highlands n'ont pas peur des papistes brouteurs de trèfles!

CHAPITRE IV

Imogène se réveilla, comme d'habitude, en pleine forme. A peine une ombre voila-t-elle son euphorie coutumière du matin en songeant qu'il lui incombait de faire la classe alors qu'elle ignorait tout du rudiment de la pédagogie. Mais elle se consola en estimant qu'enseigner les jeunes ne devait pas être plus difficile que d'obtenir un travail soutenu et sérieux des dames employées de l'Amirauté. Au surplus, elle pensait n'être à Pemberton que quelques jours, laps de temps qu'elle s'accordait pour confondre le meurtrier de Norman Fullerton. Bien qu'instruite par l'expérience lui enseignant de ne point juger sur la mine, Miss McCarthery ne pouvait s'empêcher de juger que ce sinistre O'Flynn, avec qui elle s'était injurié dans la nuit, montrait une tête d'assassin.

Dans la salle à manger, Imogène rencontra Owen Rees qui, après l'avoir saluée, la conduisit auprès de la directrice, Moira McDougall, une quadragénaire aux appas abondants, chargée d'enseigner l'économie ménagère. Sans doute au courant de l'algarade nocturne, Mrs. McDougall accueillit l'Ecossaise avec froideur. Ensuite, Rees lui présenta Maureen McFadden, une jolie femme ayant nettement dépassé la trentaine, professeur de français, qui sourit à la nouvelle venue en lui disant:

— Mr. Rees m'a appris la manière dont vous avez tenu tête à Patrick O'Flynn, la terreur de Pemberton... Permettez-moi de vous en féliciter.

Imogène trouva Miss McFadden fort sympathique. Par contre, elle n'apprécia pas du tout Elspeth Whitelaw, une grande aux dents en avant, spécialisée dans la physique et la chimie et dépourvue d'autant de grâce que d'amabilité. Une demoiselle à la cinquantaine hargneuse. Enfin, une ravissante jeune fille aux grands yeux candides sous ses cheveux dorés confia à Miss McCarthery qu'elle admirait et enviait le courage l'ayant poussée à affronter le célèbre O'Flynn, éminent professeur de mathématiques, gloire de Pemberton et sollicité par tous les collèges d'Ecosse, de Galles et d'Angleterre. A la grande surprise d'Imogène, le courtois Owen Rees interrompit assez sèchement Miss Flora Pritchel, professeur de dessin:

— Serait-ce parce que vous en êtes dépourvue que vous applaudissez le courage chez les autres, ma chère?

Aussitôt, les larmes brillèrent dans les jolis yeux de Flora et Dermot Stewart qui — visiblement — se voulait le chevalier-servant de Miss Pritchel, se leva de sa chaise en grondant:

— Rees! Je ne vous permets pas de...
— Allons! du calme, Ivanhoé!... Je crois que vous connaissez tout le monde maintenant, Miss McCarthery?...

Il raccompagna l'Ecossaise jusqu'à sa chaise tout en lui murmurant:

— Cette petite Flora m'exaspère avec ses airs de colombe effarouchée!

— Ce n'est pas une raison pour être injuste. Elle est charmante...

— Justement, et elle le sait trop!

En se servant le thé, Imogène se demanda si Owen Rees n'était pas amoureux de Flora Pritchel et si sa mauvaise humeur ne relevait pas seulement d'une jalousie banale. Elle s'avouait déçue car Rees lui plaisait. En entrant dans la pièce, Keith McDougall adressa un salut collectif à l'assemblée, s'enquit auprès de Miss McCarthery de la manière dont elle avait passé la nuit, parut satisfait d'apprendre qu'elle avait bien reposé. Après qu'on eût servi les œufs au bacon, il annonça sa résolution de châtier sévèrement Alison Kyle et Gerry Lymb; pour ce faire, il sollicitait, sur ce point, l'avis de ses collègues. Les uns opinèrent pour une suppression de sortie s'étendant sur un mois; d'autres déclarèrent qu'ils se contenteraient d'un blâme public. Priée de donner son avis, Imogène n'y alla pas par quatre chemins:

En se retrouvant la nuit, en trompant la confiance qui leur est accordée et par le collège, et par leurs parents, ces deux jeunes gens se sont rendus coupables de la faute la plus grave qui se puisse concevoir. Je suis d'avis de les renvoyer.

Le directeur bondit tandis que sa femme poussait une exclamation indignée.

— Renvoyer la fille des marmelades Kyle et le fils du linoléum Lymb?

— Et alors? C'est de l'éducation qu'on fait ici ou du commerce?

Owen Rees et Maureen McFadden étouffèrent dans

114

leur serviette le rire les secouant. Keith McDougall s'en prit à eux:

— Je ne vois vraiment pas ce qu'il y a de drôle?

— Oh! si... L'ingénuité de Miss McCarthery me ravit. Elle semble croire qu'on peu traiter les marmelades Kyle et le linoléum Lymb comme n'importe quel premier venu... Miss McCarthery est sûrement un excellent professeur, mais elle a encore beaucoup à apprendre sur la manière de diriger un collège.

Le directeur souligna:

— Je ne suis pas certain que vous ne soyez pas en train de railler, Mr. Rees?

— Vraiment, monsieur le directeur?

Laissant refroidir ses œufs au bacon, Imogène suivait attentivement cette passe d'armes lui indiquant que l'harmonie ne régnait pas en maîtresse à Pemberton entre les professeurs. O'Flynn semblait unanimement haï et redouté. Rees paraissait détester Flora Pritchel (ou trop aimer?) et la manière dont Dermot Stewart s'était dressé pour défendre la jeune fille disait assez les sentiments qu'elle lui inspirait. A la manière dont elle le regardait parfois, Imogène crut deviner que Maureen McFadden aimait Owen Rees. Elle en eut un petit pincement au cœur et se laissa aller à penser que cette jeune femme calme et paisible pouvait être capable de tuer le cas échéant pour éliminer une rivale. Mais cela n'expliquait pas le meurtre de Fullerton. A moins qu'il n'ait surpris des menaces de Maureen à Owen Rees? Dans ce cas, il faut admettre que pour avoir supprimé Fullerton, Miss McFadden était bien décidée à poursuivre ses sombres desseins jusqu'au bout. Emporté par sa vive imagination, Miss McCarthery estimait que Flora assumerait de façon charmante le rôle de cadavre.

L'apparition de Patrick O'Flynn l'arracha à ses songes morbides.

Keith McDougall se leva.

— O'Flynn, nous vous attendions...

— Et qu'est-ce que vous voulez que cela me fasse?

— C'est-à-dire que nous craignions que vous ne soyez souffrant...

— Il n'y aurait rien d'étonnant après ma nuit gâchée par cette piquée d'Ecossaise à cheveux rouges!

Il y eut un court silence annonciateur de catastrophes. Assise en face d'O'Flynn, Imogène, qui feignait de ne pas le voir, siffla:

— C'est votre manière de saluer en Irlande? A moins que vous n'ayez été élevé dans une écurie, Mr. O'Flynn?

L'Irlandais la regarda comme s'il la découvrait.

— Tiens, vous êtes là.

Puis s'adressant à Keith McDougall:

— Qu'est-ce qui vous a pris, McDougall, d'engager cette bonne femme? Pour nous faire rire au dessert, peut-être?

La patience ne comptait pas parmi les vertus premières d'Imogène. Elle glissa rapidement sa main sous son assiette d'œufs au bacon et, d'un geste précis, expédia contenu et contenant au visage de Patrick O'Flynn, qui à cet instant, avançait le buste pour porter une bouchée à ses lèvres. Il reçut le tout en pleine face, avec une précision qu'en bon mathématicien il eût apprécié s'il n'avait été dans l'affaire juge et partie. La réaction ne se fit pas tout de suite. Les témoins d'un événement hors du commun marquent toujours un instant d'arrêt — pendant lequel ils s'interrogent pour savoir s'ils ne sont pas victimes d'une hallucination — avant de manifester leur sentiment.

116

Quant à la victime, il lui fallait le temps de réaliser qu'il n'était pas la proie d'un cauchemar, que réellement quelqu'un s'était permis de jeter son bacon et ses œufs à la figure de Patrick O'Flynn, un des mathématiciens les plus réputés du Royaume-Uni! L'assiette en retombant se brisa. Le jaune d'œuf coula en longues traînées d'or sur le visage de l'Irlandais — dont l'œil droit était fermé par une tranche de bacon collée aux sourcils — avant de se perdre dans l'épaisse barbe noire qu'elles illuminaient. La première, Mrs. McDougall, réagit et poussant un cri perçant se précipita vers O'Flynn dont elle entreprit de nettoyer la figure, mais ce dernier la repoussa brutalement et, se levant, cria au directeur:

— Ecoutez-moi bien, McDougall: si cette mégère est encore là ce soir, je lui casse les reins avant de boucler ma valise!

Le ricanement insultant d'Imogène McCarthery obligea le jeune historien Dermot Stewart à songer au hennissement orgueilleux du cheval de Caligula lorsque l'empereur, son maître, le nomma consul. Pâle de frayeur, Flora Pritchel contemplait la scène avec des yeux écarquillés. Gordon Baxter confiait à Maureen McFadden que cette Miss McCarthery avait une précision dans le lancer digne d'intérêt. Il était persuadé que, plus jeune, elle aurait pu devenir une excellente joueuse de cricket.

Lentement, Keith McDougall retrouva l'usage de la parole. Owen Rees nota qu'il ressemblait alors à un noyé qui, après une demi-heure de respiration artificielle, donne les premiers signes de retour à la vie. Péniblement, se cramponnant au dossier de sa chaise, il se leva, tendit une dextre vengeresse en direction de Miss McCarthery et hoqueta:

— Miss!...

Imogène le fixa d'un regard candide et, gentiment, dans un sourire, s'enquit:

— Oui, Mr. McDougall?

Le directeur, devant tant de cynisme, poussa une sorte de gémissement assez impressionnant et retomba sur sa chaise, toute éloquence coupée. Sa femme assura la relève:

— Miss McCarthery, Mr. O'Flynn est la gloire de Pemberton!

— Je le regrette pour Pemberton, Mrs. McDougall!

— C'est un homme dont le savoir est sans limite!

— Comme la goujaterie! D'ailleurs, les Irlandais sont tous comme ça... Des créatures oubliées de Dieu, si vous voulez mon avis...

Et, froidement, elle ajouta:

— ... d'ailleurs, je ne pense pas que dans un collège écossais, on oserait prendre parti pour un étranger contre une Ecossaise. Il n'est pas dans les habitudes universitaires d'enseigner la trahison ou le reniement de la patrie, que je sache? Puis-je demander de nouveau des œufs et du bacon, Mrs. McDougall... Mr. O'Flynn ayant disposé des miens?

On vit le directeur porter vivement la main à son col comme s'il étouffait, se dresser, battre convulsivement l'air de ses bras et, prenant brusquement son élan, jaillir hors de la pièce. La directrice, avant de se précipiter sur les traces de son époux, lança à Imogène:

— Vous!... Oh! vous!...

— Pas trop cuits les œufs, s'il vous plaît, Mrs McDougall.

De l'avis unanime, si les McDougall n'avaient pas été victimes. ce jour-là, d'une crise d'apoplexie, c'est qu'en dépit du whisky quadrijournalier de Keith et du gin vespéral de Moira, les deux époux ne souffraient pas d'hypertension.

Lorsque Andrew Copland apprit du standardiste qu'on l'appelait de Pemberton, il crut tout de suite à un accident survenu à son fils David et s'affola. Heureusement, ce n'était que le directeur lui téléphonant pour lui dire que les débuts de sa protégée à Pemberton se révélaient catastrophiques. Il écouta les péripéties de l'arrivée nocturne d'Imogène, le récit de ses démêlés avec O'Flynn et, apprenant la manière dont elle avait conclu le débat l'opposant à l'Irlandais, il ne put s'empêcher de marquer son admiration.

— Une maîtresse femme, il me semble?

— Sans doute, Mr. le superintendent, sans doute, mais je ne puis me priver des services de Mr. O'Flynn!

— Ce qui signifie?

— Que je me vois obligé de signifier son congé à Miss McCarthery.

Copland répondit sèchement:

— Vous êtes maître chez vous, McDougall; agissez comme vous l'entendrez, mais le renvoi de Miss McCarthery me désobligera profondément. Au revoir.

Et il raccrocha sans attendre de connaître la réponse de son interlocuteur. Désemparé, Keith conclut qu'il était dans un guêpier dont il n'y avait plus moyen de sortir: ou il mettait Imogène à la porte et il s'attirait l'inimitié du superintendent, ou il gardait l'Ecossaise et O'Flynn, orgueil de Pemberton, bouclait ses valises. En désespoir de cause, il chargea Moira de tenter d'expliquer la situation à l'Irlandais et d'obtenir un délai.

Les hasards de l'emploi du temps de Pemberton voulaient qu'Imogène n'eût point de cours ce matin-là. Elle devait prendre contact avec les « deuxième année » à quatorze heures. Ayant silencieusement absorbé son breakfast, elle retourna dans le parc et passa une heure fort agréable sur le banc que Gerry et Alison avaient occupé dans la nuit. Pour cette sortie, l'Ecossaise arborait une étrange robe la faisant ressembler à un moine. Quand elle se sentit quelque peu pénétrée par l'humidité, elle rentra et partit s'installer dans le salon de lecture et de correspondance où, prenant place dans une bergère qui montrait son dossier à la porte, elle s'assoupit, la conscience tranquille et le cœur en paix. Elle s'éveilla brusquement et, tout de suite, eut la sensation d'une présence tout près d'elle. Aussitôt, elle se souvint de Fullerton. Prenant soin d'éviter tout craquement de son fauteuil, elle se tourna sur son siège, risqua un œil par-dessus le dossier et elle vit son ennemi irlandais en train d'écrire. Elle s'immobilisa, inquiète de se trouver seule en compagnie du colosse qui lui voulait tout, sauf du bien. Elle n'avait pas encore pris de décision sur l'attitude qu'il convenait d'adopter lorsque Mrs. McDougall entra dans la pièce et, tout de suite, se précipita vers l'Irlandais:

— Mr. O'Flynn!

Ce dernier sursauta.

— Il n'y a donc pas moyen de rester tranquille dans cette maison?

— Mr. O'Flynn... vous n'allez pas partir, n'est-ce pas?

— C'est à votre mari de décider. S'il garde la folle, je m'en vais!

Imogène dut se cramponner à son siège pour ne

pas sauter sur l'insulteur. O'Flynn ajoutait, ironique:

— Je ne suis pas en peine de trouver un poste, vous savez?

Moira s'approcha plus près de lui et se mit à ron-ronner. Miss McCarthery pensa à une grosse chatte que le printemps mettrait en folie après des années et des années de tranquillité. O'Flynn paraissait aussi surpris que l'Ecossaise.

— Qu'est-ce qui vous arrive, Mrs. McDougall?

Elle émit une espèce de roucoulement:

— Je m'appelle aussi Moira... Patrick...

Du coup, le colosse se troubla:

— Je... Je ne comprends pas...

— Oh! Patrick... épargnez ma pudeur...

— Voulez-vous dire que... que vous...

— Que je vous aime, Patrick, pas autre chose... Du jour où vous êtes entré dans cette maison, j'ai senti que vous étiez l'homme que j'aurais dû ren-contrer... l'homme que j'attendais... que j'étais réso-lue à attendre toute ma vie! Auriez-vous le cœur, maintenant que vous connaissez mon secret, de m'abandonner?

— Ecoutez, Mrs. McDougall, si c'est une tentative pour me faire changer d'avis quant à mon départ, je vous avertis que...

— Vous n'avez donc pas vu mes yeux, Patrick? Vous ne lisez donc pas dans mon regard?

— Entendons-nous bien, Mrs. McDougall. Depuis vingt-cinq ans, je ne vis que pour les mathématiques et je n'ai jamais eu le temps de penser à autre chose. Je juge l'espèce humaine sous l'angle de sa capacité à comprendre plus ou moins vite les cas d'égalité des triangles rectangles! Et vous ne sauriez vous douter à quel point le résultat est affligeant! Tenez, je suis sûr que votre mari serait dans l'impossibilité de démontrer la théorie de Thalès... Baxter, que la somme des angles d'un triangle rectangle est égale à deux droits... Quant à votre nouvelle recrue, elle a une tête à ne pas connaître sa table de multiplication!

Seul, le besoin de voir comment cette scène finirait réussit à calmer la fureur éruptive de Miss McCarthery. Elle entendit la directrice assurer d'un ton extasié:

— Personne ne parle de mathématiques comme vous, Patrick.

Flatté, l'Irlandais bomba le torse.

— Vraiment?

— Je devine que si... vous vouliez m'aider un peu... je comprendrais la géométrie, Patrick...

— Par saint Columkille, vous me tentez!

Lorsqu'il la prit par les poignets et qu'il avança sa grosse tête vers le visage de la directrice, Imogène crut qu'il s'apprêtait à la mordre. Mais, en réalité, il lui demanda d'un ton passionné:

— Moira... à quoi est égal le carré de l'hypothénuse?

— A la somme des carrés des deux autres côtés!

— Par saint Padraig, je vous aime! Je ne pars plus!

Moira McDougall se réfugia dans les bras qu'O'Flynn lui ouvrait alors que Keith McDougall entrait dans la pièce et s'immobilisait, frappé de stupeur, devant le spectacle s'offrant à lui. Il hurla:

— Moira!

Derrière le dossier de sa bergère, Miss McCarthery commença à savourer le miel de la vengeance. Les deux coupables se séparèrent. Le directeur marcha vers sa femme:

— Moira... vous! Ce n'est pas croyable! A votre âge!

— Ne soyez pas cruel, Keith, par pitié!

Très digne, l'Irlandais s'interposa:

— McDougall, réglons cette affaire en gentlemen... Votre femme et moi, nous nous aimons!

— Depuis quand?

— A l'instant.

— Je ne vous conseille pas de vous ficher de moi, O'Flynn!

— Vous commencez à m'embêter, McDougall!

— Je vous chasse, vous entendez, O'Flynn? Je vous chasse!

— Soit! Mais je partirai quand il me plaira!

— Si vous êtes encore là demain, je vous tue!

Moira eut un râle d'épouvante et prit le parti de s'évanouir. Son mari la ranima d'une paire de gifles et, l'empoignant par le bras:

— Allez donc faire votre cours de cuisine aux « troisième année » au lieu de vous prendre pour Juliette, ma chère!

Demeuré seul, l'Irlandais allait se mettre à sa correspondance lorsqu'il se figea en voyant Imogène sortir de la bergère. Elle passa devant lui sans un mot, en se contentant au passage de lui adresser une horrible grimace. O'Flynn, né dans un pays où sur tous les chemins on ne cesse de se heurter aux elfes, aux lutins et aux farfadets, s'attrapa les cheveux à pleines mains pour s'assurer qu'il était bien éveillé et non pas victime d'un sort jeté par cette Ecossaise aux cheveux rouges qui ressemblait si parfaitement à une sorcière. Il la suivit des yeux, hébété. Sur le moment de sortir, elle se retourna, plongea en une révérence tout en susurrant:

— *Good bye*... Roméo!

Quand l'Irlandais eut apaisé sa colère, il constata qu'il allait avoir pour plusieurs livres de dégâts à payer car il ne restait pas grand-chose de la table sur laquelle il avait commencé d'écrire.

L'ambiance, lors du lunch, s'avéra réfrigérante. Si Dermot Stewart, perdu dans sa tendre admiration pour Flora Pritchel, ne s'apercevait de rien, les autres, en considérant le visage renfrogné de Keith McDougall, celui livide de sa femme, le mutisme hargneux d'O'Flynn et l'allure désinvolte de Miss McCarthery, conclurent que les choses se gâtaient mais, loin de se douter de ce qui s'était réellement passé, ils attribuaient cette tension à la scène du matin et au choix posé au directeur entre l'Irlandais et l'Ecossaise. On en arrivait au pudding aux raisins lorsque McDougall annonça:

— Mes chers collègues, je suis navré de vous apprendre le départ de Mr. O'Flynn...

On regarda du côté de Miss McCarthery et chacun se demandait de quelle influence pouvait bien bénéficier cette Ecossaise pour venir à bout, dès le premier contact, du redoutable Irlandais dont l'absence entraînerait, sans aucun doute, une perte financière sévère pour le collège. On était tellement intéressé par l'attitude d'Imogène qu'on ne prit pas garde aux larmes embuant les yeux de Moira McDougall. Owen Rees résuma l'opinion générale:

— Nous sommes surpris d'une décision aussi prompte...

O'Flynn lui coupa la parole:

— Que vous soyez surpris ou non, c'est comme ça

et je n'ai pas à vous demander la permission d'agir comme il me plaît, Mr. Rees!

Très calme, Owen Rees opina:

— Sans aucun doute, O'Flynn... Nous sommes au regret de voir partir un bon professeur, mais soulagés de voir s'en aller le plus solide mufle rencontré au cours de ma carrière.

L'Irlandais se leva, menaçant, et l'on craignit un moment qu'il ne se jetât sur son interlocuteur, mais la voix d'Imogène monta comme un coup de clairon:

— Asseyez-vous donc, Roméo, vous épouvantez Juliette!

Moira lâcha sa petite cuillère et quitta précipitamment la pièce. Son mari, se demandant comment, diable, l'Ecossaise pouvait être au courant, suait l'angoisse à l'idée qu'elle risquait de tout raconter. Quant à l'Irlandais, mâté, il se rassit tout en grommelant:

— Vous, l'Ecossaise, vous avez de la chance que je m'en aille parce que j'aurais bien été capable de vous tordre le cou!

— Comme à Norman Fullerton?

Patrick O'Flynn, en train de boire pour apaiser la colère rentrée qui l'étouffait, s'étrangla. Le thé lui sortit fort dégoûtamment par les narines et on dut se mettre à plusieurs pour l'aider à ne pas étouffer. Ayant triomphé de la suffocation, il s'en prit à l'Ecossaise:

— Vous osez dire que c'est moi qui ai assassiné Norman Fullerton?

— Non pas. Je reconnais seulement que vous en seriez bien capable.

— Vous n'avez pas le droit de me pousser à bout, je vous en avertis!

— Et vous, Roméo, avez-vous le droit de picorer dans le bien d'autrui?

L'Irlandais s'empourpra jusqu'aux oreilles à ce rappel de la scène surprise par le directeur.

— Miss McCarthery, je m'en irai demain matin, que cela plaise ou non au directeur, car dans ce pays de sauvages, je n'ai pas de possibilité de trouver un train avant midi, à Callander. Mais je vous préviens de vous écarter le plus possible de mon chemin, sans ça je ne réponds plus de moi! Faites bien attention à ce que je vous conseille, Miss McCarthery, je serais capable de vous tuer!

— Et moi, pendant ce temps, je chanterai un cantique? Mr. O'Flynn, à mon tour de vous donner un conseil: tenez-vous soigneusement en dehors de ma route parce que plusieurs fois déjà des hommes ont essayé de me tuer...

— Comme je les comprends!

— Vous comprenez sans doute aussi que, puisque je suis là, ce sont eux qui ont disparu...

Il régnait un silence de mort — tout à fait approprié aux circonstances — autour de la table. La verve enfuie, O'Flynn demanda presque timidement.

— Vous ne prétendez tout de même pas que c'est vous qui?...

— Si... Le premier, je lui ai fendu le crâne avec une pierre, les deux autres, je les ai abattus à coups de revolver [1].

Flora Pritchel émit un petit gloussement de terreur et, spontanément, se blottit contre Dermot Stewart qui éprouva aussitôt une grande reconnaissance envers Imogène pour avoir trucidé tant de monde.

_____

[1] Voir *Ne vous fâchez pas, Imogène!* (même éditeur).

Maureen McFadden souriait, sceptique. Gordon Baxter, après un premier mouvement de surprise, considérait Imogène d'un tout autre œil. Il inclinait à l'admiration. Par contre, Elspett Whitelak paraissait écœurée. Owen Ress, amusé, affichait une sympathie de plus en plus chaleureuse à son égard. Quant à Keith McDougall, il n'était visiblement plus là. Son esprit battait la campagne. Il soupçonnait le superintendent, pour lui jouer une farce atroce, de lui avoir expédié la réplique femelle de Jack l'Eventreur. Pour Patrick O'Flynn, il n'y avait que deux hypothèses: cette femme était folle ou elle était bien la criminelle qu'elle se vantait d'être... ou les deux à la fois. Owen Rees, quant à lui, exigea des explications:

— Miss McCarthery, vous conviendrez qu'il est difficile de vous croire?

— Le premier se nommait Andrew Lyndsay, les deux autres Allan Cunningham et Bill. Si vous voulez avoir plus de précisions, téléphonez à Callander; le sergent McClostaugh, qui me déteste, se fera une joie de vous renseigner. Et voilà pourquoi, Mr. O'Flynn, s'il y en a un de nous deux capable de tuer l'autre, je ne pense pas que ce soit vous!

L'Irlandais n'estima pas utile d'insister. Il se contenta — histoire d'avoir le dernier mot — de se tourner vers McDougall effondré et de lui annoncer:

— Décidément, Pemberton devient une drôle de maison d'éducation... Vous voudrez bien admettre que je sois heureux de quitter ce collège où l'enseignement des différentes manières de tuer son prochain risque de prendre le pas sur celui des mathématiques. Je vous souhaite bien du plaisir, McDougall!

Il s'en fut en claquant la porte avec une telle violence que les couverts sautèrent sur la table. Imogène,
un peu émue par l'air malheureux du directeur crut
bon de le rassurer en précisant:

— Vous savez, Mr. McDougall, je ne tue qu'en
état de légitime défense.

Jamais Miss McCarthery n'avait enseigné quoi que
ce fût et n'ayant pas la moindre notion de pédagogie,
elle ne soupçonnait absolument pas la manière dont
on pouvait s'y prendre pour faire une classe. De plus,
elle ne voyait pas du tout ce que comportait un cours
de civilisation britannique. Au moment de pénétrer
dans la classe, en dépit de son assurance naturelle,
elle connut un instant de panique, mais dans son
esprit à la dérive, l'ombre de Robert Bruce imposa
sa réconfortante présence et lorsqu'elle posa la main
sur le bouton de la porte derrière laquelle les
« deuxième année » l'attendaient, elle était redevenue
l'indomptable Imogène, descendante du clan des
McGregor.

A l'entrée de Miss McCarthery, les élèves se turent,
presque toutes sidérées par l'apparence de cette
grande rouquine qui les fixait d'un air pas tellement
avenant. Tout de suite, Imogène repéra Alison Kyle,
surprise la nuit précédente dans le parc. Elle se promit de la tenir à l'œil. Une fois assise à son bureau,
il lui fallait commencer son cours et du diable si elle
voyait de quoi elle pourrait bien parler à ces demoiselles fortunées! Elle sauta sur un expédient ayant
depuis longtemps fait ses preuves.

— Miss Kyle?

Alison se leva, la contemplant avec une insolence
indéniable. Imogène comprit que, tôt ou tard, elle

devrait se heurter à cette petite et qu'il lui faudrait très vite lui imposer sa loi.

— Sur quoi portait votre dernière leçon?

— Sur les poètes vivant à la cour.

— Quelle cour?

— Mais celle de Londres!

— J'ignorais que Mr. Fullerton s'occupât des civilisations étrangères.

— Pardon?

— Vous êtes Ecossaise, Miss Kyle?

— Naturellement! Mon père, c'est le Kyle de la marmelade de Dundee!

— Et une Ecossaise de bonne race peut admettre que sa reine soit l'étrangère, l'usurpatrice installée à Londres?

Cette réflexion déclencha une sérieuse émotion parmi les élèves. L'une d'elles, Mary Banks, se dressa, indignée:

— Je suis Anglaise, moi, Miss, et je n'admets pas qu'on parle sur ce ton de notre Gracieuse Majesté!

— De votre Gracieuse Majesté! Et puisque vous êtes Anglaise, Miss, je vous conseille vivement de vous taire car les Ecossais ne tolèreront pas toujours — et surtout pas ici — que vous leur donniez des ordres!

Il y eut aussitôt un revirement. Les Ecossaises — sauf Alison qui n'oubliait pas ce que la découverte de son escapade nocturne, grâce à Miss McCarthery, laissait peser sur elle — applaudirent. Les quelques Anglaises les huèrent et, bientôt, ces demoiselles en vinrent aux mains, criant « saint Georges! » ou « saint André ». Le tumulte fut tel que Keith McDougall, de son bureau, l'entendit et se précipita. Tout de suite, il perdit pied au milieu d'un envol de jupes, de cheveux défaits, de piaillements aigus, de sanglots déchirants. Ecrasé par ce nouveau coup du sort, il se sentait sans réaction. Enfin, devant la bataille qui persistait en dépit de sa présence, il parvint à se dominer et à hurler:

— Assez!

Immédiatement, les combattants s'arrêtèrent.

— Des élèves de Pemberton! Quelle honte! Ainsi, voilà à quoi mène l'enseignement de choix que vous recevez depuis deux années? Miss Banks, comment est-il possible que vous, vous osiez vous conduire de cette façon? Vous que j'ai toujours citée comme un modèle aux nouvelles venues?

Miss Banks, ravalant ses larmes, montra Imogène en déclarant:

— C'est de sa faute!

Keith McDougall s'y attendait si bien qu'il réagit à peine:

— Vraiment?

— Elle a insulté la Couronne et l'Angleterre!

Le directeur tourna vers Miss McCarthery un regard interrogateur. L'Ecossaise haussa les épaules:

— J'ai simplement mis au point une question d'histoire et ces demoiselles en ont profité pour régler leurs querelles particulières.

Miss Banks bondit:

— Elle a dit que la reine était une usurpatrice et que nous étions, nous les Anglaises, des étrangères!

Dans un sourire, Imogène demanda au directeur:

— N'est-ce pas vrai?

Keith MxDougall hésita car, Ecossais, ayant pour principaux clients des Ecossais, il ne pouvait sans risquer l'épithète de renégat, abandonner la cause sacrée de l'indépendance écossaise... mais d'autre

130

part... il prit le parti de ne point répondre et d'attaquer sur un autre sujet:

— Ici, il ne doit y avoir ni Ecossaises, ni Anglaises, ni Galloises, ni Irlandaises, mais seulement des camarades apprenant ensemble à devenir des ladies qui, en Grande-Bretagne comme à l'étranger, seront les porte-fanion de la suprématie de l'éducation donnée dans le Royaume-Uni. Je vous serais obligé de vous le rappeler, jeunes filles, et de ne pas l'oublier, Miss Carthery!

Sur ces nobles paroles, il sortit, très digne. Derrière lui, le calme se rétablit, chacune pansant comme elle le pouvait ses plaies légères et Imogène se réinstalla dans ses fonctions. Ne tenant pas à raviver les antagonismes, elle choisit de parler des Indes au temps où les troupes britanniques y imposaient encore leur loi et y assuraient l'ordre. Ce n'était pas qu'elle fût particulièrement instruite sur la question, mais elle trouvait là une occasion de parler publiquement — pour en faire l'éloge — de Henry, James, Herbert McCarthery, son père. Elle commença par brosser un portrait moral de feu le capitaine, portrait qui l'assimilait, du premier coup, aux saints universellement révérés. On l'écouta d'abord avec surprise, puis avec amusement. Ensuite, elle passa à la litanie des vertus militaires de l'auteur de ses jours, vertus auprès desquelles il apparaissait nettement que celles ayant assuré la gloire d'un Wellington se révélaient quelque peu usurpées. La jeune Alison qui, depuis le début, guettait l'occasion d'attaquer Miss McCarthery afin d'assouvir sa vengeance, se leva et fort courtoisement s'enquit:

— Si j'ai bien compris, Miss, au cas où Mr. votre père eût vécu plus longtemps, le Royaume-Uni n'aurait pas eu à rendre son indépendance à l'Inde?

Les élèves suspendirent leur respiration pour ne rien perdre de l'engagement. Imogène, légèrement prise au dépourvu, essaya de biaiser:

— Je ne saisis pas exactement le sens de votre question, Miss Kyle?

Alison eut un regard triomphant pour ses compagnes et, toujours très innocente en apparence, fort discrète dans ses termes, elle précisa:

— Je pense, Miss, que vous avez eu de la chance d'avoir un père exceptionnel...

— Sans aucun doute!

— Seulement, Miss, permettez-moi de vous dire que nous, on s'en balance de votre papa et que nous ne sommes pas ici pour vous entendre égrener les souvenirs de votre enfance, parce que votre enfance, Miss, on s'en fiche complètement!

Il y eut des rires étouffés. Imogène s'imposa de compter jusqu'à trente calmement, posément, pour ne point céder à son impulsion première la portant à se jeter sur cette gamine insolente. La classe, intriguée par le silence du professeur, l'observait et Alison elle-même parut désorientée par l'absence de réaction de sa victime. Soudain, Miss McCarthery releva la tête et toute la classe frissonna.

— Savez-vous, Miss Kyle, pourquoi je ne vous ai pas répondu tout de suite?

— Peut-tête parce que vous n'aviez rien à répondre, Miss?

— Sur ce point, faites-moi confiance! Je n'ai pas répondu parce que je m'obligeais à compter jusqu'à trente, lentement.

— Pour quelles raisons?

— Pour ne pas vous flanquer la correction que vous méritez!

Oser parler ainsi à Alison Kyle, de Dundee! Toute la classe s'immobilisa dans un silence pétrifié. La jeune fille, touchée par cette attaque inattendue, pâlit quelque peu et n'ayant pas l'habitude de ce genre de duel réagit ainsi que tous les enfants du monde en s'abritant derrière l'autorité paternelle. Elle releva son petit nez pointu et laissa tomber:

— Sans doute ignorez-vous à qui vous parlez, Miss? Je suis la fille unique de Hamish, Gregor, Alexander Kyle, des marmelades Kyle de Dundee!

— Et alors?

Sous cette question précise, Alison flotta. Imogène en profita pour pousser son avantage:

— Chez nous, la marmelade, on la laissait faire aux servantes les plus simplettes... En somme, vous êtes d'une famille de domestiques, Miss Kyle?

— Oh!

Devant l'incapacité évidente de leur compagne à tenir tête, ces demoiselles changèrent de camp. Elles ricanèrent pour bien montrer qu'elles approuvaient cette définition de la puissante tribu des Kyle. Certaines y dégustaient une revanche inespérée. Sottement, la voix pleine de larmes, en petite fille qu'elle était encore, Alison essayait de protester:

— Vous... vous osez!

Souveraine, Imogène écrasait son ennemie:

— Vous manquez de vocabulaire, Miss Kyle.

Elle descendit de son bureau et rejoignit Alison.

— Et maintenant, Miss Kyle, vous allez me présenter des excuses et nous oublierons cette fâcheuse histoire.

— Des excuses? Vous vous imaginez qu'une Kyle de Dundee présente des excuses?

— Serait-elle trop sotte pour cela?

— Non, mais on ne présente des excuses qu'à des gens de notre milieu!

— Les gens de cuisine, sans doute?

La classe rit franchement. Cette femme à cheveux rouges, commençait à plaire. Alison, outrée, furieuse, dépitée, perdit toute mesure.

— Je ne veux pas être insultée par quelqu'un sorti on ne sait d'où!

La gifle qu'Imogène assena sur la joue de Miss Kyle fit un bruit clair, mais le tonnerre des nues s'entrouvrant pour laisser apparaître le Seigneur n'eût sans doute pas bouleversé la classe de façon plus totale. On n'en croyait pas ses yeux. Alison Kyle giflée! Par réflexe enfantin, la jeune Kyle voulut se jeter sur Miss McCarthery, mais une seconde claque la renvoya sur sa chaise, les joues en feu, la gorge nouée de sanglots l'obligeant à hoqueter pour trouver sa respiration. L'Ecossaise, regardant alors les autres élèves, dit tranquillement:

— Je n'ai encore jamais fait de marmelade, mais je me sens toute disposée à m'y mettre!

Oubliant qu'elle était une quadragénaire à qui ses peines de cœur n'enlevaient pas un pouce de taille, Moira McDougall pleurait sur le départ de Patrick O'Flynn, sur l'avenir que lui réservait son époux après cette trop apparente trahison risquant de remettre en question dix-sept années de fidélité intégrale, sur la honte qu'elle éprouvait rétrospectivement après son brusque départ du lunch. En bref, la digne directrice de Pemberton avait plus d'un

134

motif pour verser des larmes abondantes. Elle n'y manquait pas. Elle sursauta lorsque la porte s'ouvrit devant un Keith McDougall visiblement hors de lui. Moira (qui avait des lettres) pensa à Desdémone devant Othello et crut à une mort prochaine. Cette perspective lui arracha de beaux accents:

— Avant de me frapper, Keith, sachez que je ne suis pas coupable! Imprudente tout au plus... et pour la gloire de notre collège!

McDougall songeait à toute autre chose qu'aux égarements de son épouse et cette phrase aux résonances shakespeariennes ne parvint pas à le sortir de l'état second où il paraissait plongé. A demi-inconscient, il se laissa tomber sur un fauteuil et y demeura sans la moindre réaction. Alors Moira eut peur. Ce pouvait-il qu'après tant d'années Keith l'aimât encore au point de perdre la raison devant les seules apparences de la trahison conjugale? Emue (flattée aussi), elle s'approcha de son époux, lui mit les mains sur les épaules et se penchant tendrement vers lui, murmura avec une voix de gorge propre à remuer les cœurs les plus endurcis:

— Keith... *darling*... n'allez surtout pas vous figurer des choses qui ne sont pas!...

Comme il ne réagissait pas, elle insista:

— Vous entendez, *darling*?

S'entendre appeler « chéri » surprenait assez Keith McDougall pour l'arracher à son renoncement. Il s'ébroua:

— Je vous demande pardon, Moira... Vous disiez?

— Je disais, *darling*, qu'il ne faut pas imaginer ce qui n'est pas, ce qui n'a pas été... Ce serait vous infliger une souffrance inutile...

— Malheureusement, Moira, tout ce que vous

pourrez dire ou rien aura le même résultat... Je l'ai vu...

— Vous avez cru voir, *darling!*

— J'ai cru... Est-ce que vous me prendriez pour un idiot, Moira?

— Certainement pas, *darling,* mais souvent, on prend pour réalité...

Redevenu lui-même, le directeur se leva et regardant sa femme dans les yeux:

— Enfin, Moira, où voulez-vous en venir?

A la grande surprise de Keith, sa femme vint se pelotonner contre lui. C'était là une chose si inhabituelle, si invraisemblable qu'il la jugea tout de suite indécente et, repoussant Moira:

— Voyons, vous n'êtes pas folle? Si quelqu'un entrait! Qu'est-ce donc qui vous arrive?

Dépitée, humiliée même, Mrs. McDougall répliqua plus sèchement qu'elle ne l'aurait souhaité:

— Je désirais simplement vous consoler, Keith... apaiser vos inquiétudes injustifiées, voilà tout!

— Injustifiées! Vous en avez de bonnes! Mais toute la classe en a été témoin!

Ce fut au tour de Moira de ne plus comprendre.

— Mais... témoin de quoi, Keith?

— Du dernier exploit de cette sacrée Ecossaise aux cheveux rouges!

— Seigneur! Qu'a-t-elle encore fait?

— Ce qu'elle a fait? Elle a giflé la marmelade!

— Oh!

— Comme je vous le dis, ma chère!

— Cette femme a le diable au corps! Après la manière dont elle s'est déjà conduite avec Mr. O'Flynn...

— Celui-là, je vous serais obligé, ma chère, de ne

136

point y faire allusion... ce serait déplacé. Je ne tiens pas à me souvenir de votre conduite...

— Je vous jure, Keith...

— Cela suffit, Moira! C'est à Pemberton que je dois penser et à Pemberton seulement! Il faut absolument obtenir qu'Alison Kyle ne se plaigne pas à son père. Son départ serait un coup très dur pour notre maison. Moira, songez-y! Beaucoup de familles ne nous confient leurs enfants que parce ce que les Kyle et les Lymb nous font confiance. Je compte sur vous, Moira...

— Sur moi?

— J'ai prié Miss Kyle de venir ici... Vous la recevrez... Vous vous montrerez maternelle, compréhensive... En bref, laissez-lui entendre que vous êtes de son côté et que Miss McCarthery ne tardera pas à filer... Enfin, débrouillez-vous pour qu'Alison ne désire plus téléphoner chez elle. En vous voulant attentive aux intérêts de cette maison, vous parviendrez peut-être à me convaincre qu'entre O'Flynn et vous, il n'a pu s'agir que d'un enfantillage...

— Vous êtes bon, Keith!

Quand son mari l'eût laissée seule, Moira McDougall s'efforça de chasser Patrick O'Flynn de sa mémoire pour ne songer qu'à ce qu'elle devait dire à la jeune Alison Kyle afin d'apaiser son indignation et la convaincre d'oublier la véritable agression dont elle venait d'être victime de la part de Miss McCarthery, assez rustaude pour ignorer ce que représentait la marmelade Kyle de Dundee et le nombre impressionnant de livres dont elle alimentait annuellement Pemberton. Pourtant, en dépit de la tâche urgente, vitale, qui lui incombait, Moira ne parvenait pas à détacher complètement sa pensée de l'Irlandais brutal, mais si fort... La directrice n'avait qu'à fermer les yeux pour oublier plus de trente années de frustration et se voir emportée dans les bras d'O'Flynn, peut-être au galop d'un cheval... Le songe se moquait de la réalité et Moira, haletante, se blottissait idéalement contre la robuste poitrine du cavalier qui, une harpe dans la saignée du bras gauche, chantait des théorèmes de géométrie en pinçant merveilleusement les cordes de son instrument. Les mathématiques apparaissaient alors comme la plus poétique invention du monde. La directrice ouvrit les yeux en entendant la porte s'ouvrir. Il ne s'agissait pas d'Alison Kyle mais d'O'Flynn. A la vue de Moira, l'Irlandais grogna :

— Ah ! vous êtes là, vous ?

Oubliant ses promesses, Moira — tout entière reprise par sa passion — minauda :

— Ne me dites pas que vous le regrettez... Patrick, vous me fendriez le cœur !

O'Flynn grogna :

— Je ne vous crois plus...

— Patrick !

— Ce matin, lorsque votre mari nous a surpris, vous m'avez bien laissé tomber, non ?

— Epargnez ma pudeur, Patrick...

— Votre pudeur a-t-elle quelque chose à voir là-dedans, par saint Iltud ?

— Enfin, je ne pouvais pas prendre votre parti en présence de Keïth ! Mais je puis bien vous le confier, Patrick... J'en avais follement envie...

Touché, ce gros ours d'O'Flynn s'attendrit :

— Est-ce bien vrai, Moira ?

— Je vous le jure...

Et, sans trop savoir comment cela s'était produit, une fois encore la directrice se retrouva dans les bras du professeur de mathématiques au moment précis où, répondant à la convocation de Mr. McDougall, Alison Kyle entrait. En présence de ce couple enlacé, la jeune fille n'eut pas l'idée de se retirer discrètement, au contraire. Sans y ajouter malice, elle poussa un « oh! » de stupéfaction qui fit exécuter à chacun des deux partenaires un assez remarquable saut en arrière, ce qui transforma l'exclamation étonnée de Miss Kyle en un joli rire. Hors de lui, O'Flynn apostropha Alison:

— Vous ne pourriez pas frapper avant d'entrer?

— J'ai frappé mais... vous ne m'avez sans doute pas entendu... Ça se comprend, d'ailleurs!

— Vraiment? Ça se comprend, hein?

— Ce n'était pas très difficile...

— Ce qui le sera peut-être davantage, ce sera de vous intéresser de très près à la propriété des cônes!

— A la propriété des?... Mais je n'en ai nullement l'intention!

— Oh! que si, Miss Kyle! Et samedi toute la journée, dimanche toute la journée, pendant que vos camarades se rendront chez eux ou iront se promener, vous, bien sagement, vous étudierez les cônes et troncs de cônes et vous me rédigerez une lumineuse petite étude qui me révélera à quoi sont égales leurs surfaces latérales et totales. A défaut de discrétion, cela vous apprendra toujours un peu de géométrie, par saint Maklou!

De même que tous les jeunes, Alison Kyle se révélait très sensible à l'injustice. Dépassée par l'événement, elle ne put que balbutier:

— Vous... vous me punissez parce que je... je vous ai surpris tous... tous les deux?

— Vous êtes insolente, Miss Kyle! et menteuse par-dessus le marché!

— Menteuse?

— J'étais en train de tenter d'ôter une poussière que Mrs. McDougall avait dans l'œil et vous allez inventer je ne sais quelle histoire saugrenue! Vous devriez avoir honte, Miss Kyle!

— Moi?... moi, je devrais avoir honte? Oh!

Elle partit en courant se réfugier dans le parc où Gerry Lymb finit par la dénicher pleurant toutes les larmes de son corps et hoquetant de rage. Tout aussitôt, il l'entraîna vers ce qu'il considérait comme leur propriété privée, le banc où Imogène les avait surpris la nuit précédente. Lorsqu'il sut que sa bien-aimée avait été giflée par Miss McCarthery, il voulut immédiatement aller étrangler l'Ecossaise, mais quand il apprit, par-dessus le marché, qu'Alison ne pourrait sortir en sa compagnie le dimanche suivant sous prétexte que Patrick O'Flynn et Moira McDougall se conduisaient de manière honteuse, sa fureur ne connut plus de bornes et Alison se vit contrainte de calmer son trop ardent défenseur!

— N'exagérez quand même pas, Gerry... On ne m'a pas tuée!

— On vous a frappée, Alison, et ça, je ne peux pas le supporter!

— *Darling*... vous m'aimez donc vraiment?

— Oh! *darling*, vous n'avez pas le droit d'en douter!... Vous êtes la femme de ma vie! Vous serez la mère de mes enfants et...

— Je vous prie de ne pas dire des choses inconvenantes, Gerry... Croyez-vous qu'on va nous mettre à la porte?

— Parce qu'on vous a battue?

— Ne soyez pas idiot, Gerry! Pour cette nuit...

— Eh bien! nous partirons si l'on ne veut plus de nous!

— Vous êtes gentil, Gerry, mais, malheureusement, vous avez autant de cervelle que mon chien Plum-Puding!

— Je ne vois pas...

— Si je quitte Pemberton — surtout pour avoir été surprise en votre compagnie — vous pouvez être certain que mes parents m'enverront au diable et les vôtres vous expédieront à l'opposé!

— C'est vrai! Je n'y avais pas pensé...

Alison caressa d'une main légère la joue de son amoureux.

— Vous ne pensez pas à grand-chose, n'est-ce pas, *darling?*

Vexé, Gerry se leva:

— Il est possible que je ne pense pas à grand-chose, Alison, mais c'est peut-être parce que je pense trop à vous? En tout cas, je n'accepte pas que quelqu'un se permette de lever la main sur vous et c'est ce que je vais apprendre de ce pas à Miss McCarthery!

Imogène s'était réfugiée dans sa chambre. Elle ne regrettait absolument pas sa vivacité à l'égard de Miss Kyle (il était bon que, de temps à autre, ces jeunes pimbêches aux papas trop riches se rendent compte que tout le monde ne se trouvait pas à leur service sur la terre) mais reconnaissait qu'elle abordait la pédagogie sous un angle qui n'était sûrement pas le bon. D'ailleurs, tout cela n'avait qu'une importance secondaire. Elle ne s'installait pas à Pemberton pour entamer une seconde carrière, mais bien pour tenter de démasquer le meurtrier de Norman Fullerton qui l'avait appelée au secours... Miss McCarthery s'assit dans l'unique fauteuil de la pièce et passa en revue les hôtes du collège. Elle écarta tout de suite Keith MacDougall et sa femme. Ni l'un, ni l'autre ne possédaient l'étoffe d'un meurtrier et pourquoi auraient-ils tué Fullerton, créant ainsi ce scandale qu'ils redoutaient? Non, tous deux méritaient d'être mis hors de cause.

Parmi les autres, Dermot Stewart, stupide comme tous les amoureux, semblait dans l'incapacité absolue de penser à autre chose qu'à cette dinde de Flora Pritchel qui, elle-même, ne devait savoir manifester ses émotions que par ces rires idiots et ces gloussements qui mettaient les nerfs d'Imogène en pelote. Sorti du cricket et de la course à pied, Gordon Baxter ne pensait vraisemblablement à rien. Miss Whitelaw avait une tête de criminelle, mais ce n'était pas suffisant; peut-être même, au contraire, était-ce trop, car les criminels ont rarement le visage de leur emploi. N'énamoins, Imogène se promit d'en apprendre davantage sur le compte du professeur de physique et chimie.

Restaient Maureen McFadden et Owen Rees, si sympathiques... Or, c'était justement parce qu'elle les jugeait sympathiques, qu'elle les voyait empressés à lui témoigner leur compréhension que Miss McCarthery avait résolu de s'en méfier particulièrement. Ils s'aimaient sans aucun doute. Fullerton, pour un motif quelconque, se serait-il mis en travers de cet amour? Rees avait-il supprimé un rival et

Maureen McFadden le protégeait-elle? Et puis, le brutal l'imbuvable O'Flynn! Celui-là, sa violence gaëlique pouvait très bien le conduire au meurtre sans qu'il fût pour autant perverti jusqu'aux moelles. Si Fullerton avait été tué à Pemberton, le crâne écrabouillé, ou étranglé, Imogène n'eût pas hésité à signaler l'Irlandais aux autorités policières, mais ce coup de poignard par-derrière... En vérité, quoi qu'elle en eût, Miss McCarthery reconnaissait que cela ne cadrait pas avec la nature d'O'Flynn.

Maureen McFadden, après avoir discrètement frappé, passa la tête dans l'entrebâillement de la porte pour demander aimablement à Imogène si elle ne la dérangeait pas trop en venant bavarder un peu avec elle. Miss McCarthery répondit par un sourire qu'elle était heureuse de recevoir sa collègue et presque aussitôt s'en voulut de céder tout de suite au charme émanant du professeur de français.

— Miss McCarthery, j'ai tenu à vous dire sans témoin que je suis enthousiasmée par vos exploits depuis les quelques heures que vous êtes arrivée.

Imogène avait beau se tenir sur ses gardes, on la possédait toujours en la prenant par la flatterie, surtout quand on paraissait aussi sincère que cette McFadden.

— Vous êtes très indulgente, Miss... J'ai au contraire, l'impression de m'être bien sottement conduite...

— Pas du tout! Il y a longtemps qu'Alison Kyle méritait sa gifle et cette brute d'O'Flynn, son assiette d'œufs et de bacon au visage! Vous avez fait œuvre de salubrité publique, Miss McCarthery!

— Ce ne semble pas être l'opinion de Mr. McDougall!...

143

— Aucune importance! Nous vous soutiendrons... Enfin, je veux dire Owen Rees et moi-même... Les autres, il ne faut pas trop compter sur eux... Elspeth Whitelaw déteste tout le monde... Gordon Baxter ne s'intéresse qu'au sport... Dermot Stewart n'a d'yeux que pour Flora Pritchel et Flora ne pense qu'à elle... En quelle année étiez-vous à Girton?

Prise au dépourvu, Imogène perdit contenance.

— Pardon?

— Je vous demandais en quelle année vous étiez à Girton College?

Imogène s'en voulut de n'avoir pas prévu le piège. Elle calcula rapidement.

— En 1925...

— En 1925? Alors, vous avez sûrement connu Miss Plunckett qui enseignait le grec?

— Oh! oui, bien sûr!

— Vous souvenez-vous si elle était drôle avec sa perruque qu'elle mettait toujours de travers?

Miss McCarthery se força à rire:

— J'avoue que je ne pensais plus à cette chère Plunckett... Maintenant, je la revois comme si elle se tenait assise près de vous, Miss McFadden.

— Quel était son prénom déjà? Maud? Marjorie?

— Marjorie, il me semble?

— C'est très vilain de mentir, Miss McCarthery...

Les amis d'Imogène, à Callander, auraient eu de la peine s'ils avaient été témoins du désarroi de leur idole.

— Mais... mais, Miss McFadden, je ne comprends pas ce que...

— Oh! si, vous comprenez très bien... Plunckett n'a jamais existé, Miss McCarthery, et vous n'êtes jamais allée à Girton College, n'est-ce pas?

144

Il y avait tant de gentillesse dans la voix de Maureen qu'Imogène préféra se reconnaître tout de suite vaincue.

— D'accord... Je ne suis jamais allée à Cambridge... Je ne suis pas professeur. Et, maintenant, pour compléter votre information, Miss McFadden, désirez-vous savoir les raisons de ma présence ici?

— Non. Cela ne me regarde pas. Excusez mon interrogation et ma ruse, mais je ne parvenais pas à croire qu'un professeur ayant le souci de gagner sa vie pouvait se comporter avec autant de désinvolture vis-à-vis de ses employeurs. Je suis très contente de vous connaître. Accepteriez-vous de devenir mon amie?

Une voix inconnue murmurait à l'oreille d'Imogène de se méfier, que cette Maureen si sympathique venait de lui tirer les vers du nez en un rien de temps, que si elle n'était pas ce qu'elle tenait à paraître, elle se révélerait vite redoutable et, qu'après tout, le genre de poignard dont Fullerton avait été frappé s'affirmait une arme féminine. Et pourtant, elle tendit la main à Miss McFadden parce qu'elle ne pouvait s'empêcher de se sentir attirée par elle, mais comme elle voulait une revanche, elle lui retint la main dans la sienne et demanda:

— Vous aimez Owen Rees, n'est-ce pas?

— Ça se voit tellement?

— Assez pour qu'une vieille fille comme moi, pas spécialement portée à s'intéresser à ce genre d'histoires, s'en aperçoive.

— Oui, j'aime Owen Rees... Nous nous sommes rencontrés ici, il y a deux ans... J'arrivais de Glasgow...

— Je serais heureuse d'être aussi l'amie d'Owen Rees.

— Vous la serez, comptez sur moi. Il aime les gens courageux.

Le temps fort beau invitait à la promenade et, en attendant l'heure de son cours, Imogène s'en fut dans le parc s'installer sur le banc où Alison et Gerry goûtaient des heures enivrantes quand tout le monde dormait et qu'ils se figuraient seuls au monde. Le jeune Lymb l'apercevant de loin, se précipita:

— Miss McCarthery, puis-je vous dire un mot, s'il vous plaît?

Etonnée par le ton de son interlocuteur, Imogène sursauta. Décidément, ce collège lui réservait bien des surprises. Néanmoins, elle retrouva son assurance pour répondre avec assez de hauteur:

— Je vous écoute?

— Avez-vous vraiment giflé Alison Kyle?

— J'en ai l'impression.

— Savez-vous qu'Alison est la fille de la marmelade Kyle de Dundee?

— Et alors?

— Ce n'est pas possible que vous ne vous rendiez pas compte? La marmelade Kyle?

— Vous commencez à m'ennuyer, jeune homme, avec vos histoires de marmelade! D'ailleurs, je déteste la marmelade! Et après?

— J'exige que vous fassiez des excuses à Alison Kyle!

— Pardon?

— J'exige que vous disiez à Alison que vous regrettez de l'avoir frappée?

146

— Vraiment? Et pourquoi devrais-je me comporter ainsi, à votre avis?

— Parce que si vous refusez, j'en parlerai à mon père!

— Et qu'est-ce que vous voulez que cela me fasse?

— Comment? Mais papa, c'est le linoléum!

— Je n'en use pas...

Gerry resta un moment sans trop savoir comment se comporter, son petit univers bousculé par cette Ecossaise qui paraissait n'attacher aucune importance aux décisions des dieux régnant sur le monde de Gerry Lymb. Ne tenant pas à aggraver le désarroi du garçon, Imogène lui conseilla:

— Et si vous rejoigniez vos camarades, à présent?

— Mon père vous fera renvoyer de Pemberton!

— Ça m'étonnerait et puis, en voilà assez! Mettez-vous bien dans la tête, jeune crétin, que votre père, vous et le linéoléum, vous ne m'intéressez pas!

— Ce n'est pas possible, vous devez être folle!

Miss McCarthery n'avait jamais accepté qu'on lui manquât de respect et elle n'était pas du tout disposée à faire une exception en faveur de Gerry Lymb, fils de Hugues Lymb de Kircaldy. Le direct qu'elle assena au soupirant d'Alison se révéla assez fort pour expédier le garçon sur son derrière.

Moira, oubliant toutes les promesses d'autrefois, la parole échangée sous les yeux du pasteur, négligeant tant d'années de fidélité conjugale, s'était décidée à fuir en compagnie d'O'Flynn. Assis côte à côte, les mains tendrement enlacées, ils mettaient au point la manière dont ils s'y prendraient pour gagner Callander chacun de leur côté. Puis, il fut décidé que Moira rejoindrait Patrick à Glasgow et que, de là, ils regagneraient l'Irlande où ils vivraient, dans le péché, des heures aux délices inépuisables. L'âge n'entame pas les illusions. En pénétrant dans la pièce, Keith les trouva dans cette position trop tendre pour être honnête, mais il s'en soucia peu. Tandis que les coupables s'efforçaient de prendre une attitude décente, le directeur, ayant refermé la porte derrière lui, s'y appuyait, à bout de souffle. D'un doigt crispé, il essaya d'élargir son faux-col et Moira, affolée, cria plus qu'elle ne dit:

— Keith, mon Dieu! Que vous arrive-t-il?

Elle rougit un peu, sous le regard peiné de Patrick, de s'être laissée entraîner à manifester une trop grande émotion, mais tant d'années de vie commune la poussaient à se précipiter au secours de son mari. L'Irlandais l'aida. Tous deux, passant leurs mains sous les aisselles de Keith, l'amenèrent jusqu'au divan où ils l'assirent. O'Flynn lui ôta sa cravate avant de déboutonner son col. Moira tapotait les mains de son époux au bord de l'évanouissement.

— Keith... je vous en supplie: qu'avez-vous?

Les yeux révulsés, une mousse légère aux commissures des lèvres, le directeur de Pemberton râla:

— Cette femme... Oh! cette femme!...

— De qui parlez-vous, Keith?

— D'Imogène McCarthery!

— Qu'a-t-elle encore fait?

McDougall eut encore un hoquet de détresse avant d'avouer:

— Elle vient de boxer le linoléum!

Le soir même, au dîner, Keith McDougall, à peine remis de ses émotions, attendit que tout le monde fût rassemblé pour annoncer d'une voix sévère:

— Miss McCarthery, je pense avoir l'approbation de mes collègues en vous disant que c'est d'un professeur de civilisation britannique dont nous avons besoin et non d'un champion de boxe. Pour cela, Mr. Baxter suffit. Vous avez frappé deux élèves qui comptent parmi ceux auxquels Pemberton tient le plus.

— Seriez-vous un vulgaire marchand de soupe, Mr. McDougall?

Keith frappa du poing sur la table:

— Ce que je suis ne vous regarde pas! Je vous défends de me juger! Dès demain matin, j'entends que vous ayez quitté cette maison. Je vous paierai un mois de salaire d'avance... Et maintenant que l'affaire est réglée, je vous souhaite bon appétit, ladies and gentlemen...

Owen Rees et Maureen McFadden ne doutant pas que McDougall venait de commettre une imprudence épièrent la réaction d'Imogène. Elle ne tarda pas. La grande Ecossaise tapota son verre pour réclamer le silence. On la regarda avec étonnement, certains avec inquiétude.

— Mes chers collègues, notre directeur a un peu trop tendance à prendre ses désirs pour des réalités et s'imaginer que les choses sont acceptées parce qu'il les ordonne. Je me permets de dire qu'il se trompe lourdement.

Blanc de rage, Keith McDougall posa sa cuillère.

— Ce qui signifie, Miss McCarthery?

— Simplement que je ne partirai pas tant que je n'en aurai pas envie!

— J'alerterai la police! Elle vous expulsera!

— Cela me surprendrait, mon cher McDougall!

— Et pourquoi donc?

Malgré son calme apparent, Imogène bouillonnait

et quand elle était en colère, elle ne prêtait pas grande attention à ce qu'elle racontait.

— Parce que je suis ici pour l'aider!

— Pour l'aider? Mais l'aider à quoi, Seigneur?

— A découvrir le meurtrier de Norman Fullerton!

L'Ecossaise eût annoncé que le duc d'Edimbourg reprenait sa liberté pour épouser Brigitte Bardot que l'assistance n'eût pas été plus complètement paralysée. Les uns restaient la bouche ouverte, d'autres tenaient leur cuillère en l'air, ne songeant ni à la porter à leurs lèvres, ni à la reposer dans leur assiette; d'autres, enfin, se demandaient très visiblement s'ils avaient bien entendu ou non. En sportif aux réflexes sûrs, Gordon Baxter, le professeur de gymnastique, reprit le premier ses esprits.

— Voulez-vous dire, Miss, que le criminel est l'un d'entre nous?

— C'est exactement ce que je veux dire, Mr. Baxter.

Keith McDougall, qui s'apprêtait à boire, s'étrangla et Moira dut lui taper longuement dans le dos pour lui éviter l'étouffement. Quant il sortit son visage de derrière sa serviette, rouge, les yeux congestionnés, le souffle court, on comprit qu'il était hors de combat pour un bon bout de temps. Owen Rees s'enquit doucement:

— Ne vous avancez-vous pas un peu, Miss McCarthery?

Imogène détestait qu'on mît en doute ce dont elle parlait. Sèchement elle répliqua:

— Si je prétends que le meurtrier appartient à Pemberton, Mr. Rees, c'est que je le sais!

Ce fut au tour d'Q'Flynn d'intervenir:

— Et comment pouvez-vous le savoir, par saint Colomban?

— C'est Norman Fullerton lui-même qui me l'a appris!

L'Irlandais eut un gros rire et, pour les autres, se toucha le front avant de dire:

— Le pauvre Fullerton serait-il venu vous trouver dans votre chambre à l'état d'ectoplasme — comme le père d'Hamlet — pour vous révéler le nom de son meurtrier?

— Fullerton me l'avait dit avant d'être assassiné!

Et regardant la tablée avec hauteur, Imogène conclut:

— Quelques instants avant d'être frappé, Fullerton me confiait le nom de la personne qui le tuerait si jamais il devait mourir de mort violente.

O'Flynn eut un gros rire sceptique:

— Dans ce cas, pourquoi ne pas le lancer, ce nom, au lieu de faire toutes ces simagrées?

— Parce que je suis seule à avoir été la confidente de Fullerton. Il me faut des preuves. Je suis ici pour les découvrir. Sur ce, je vous souhaite à tous une bonne nuit.

Et, sans se préoccuper de savoir ce qui allait se passer après son départ, Imogène se leva, salua aussi gravement qu'elle en était capable et se dirigea vers la porte. Elle l'atteignait lorsque Owen Ress cria:

— Miss McCarthery?

Elle se retourna:

— Oui, Mr. Rees?

— Enfermez-vous bien soigneusement dans votre chambre jusqu'à demain matin!

— Je vous remercie de votre sollicitude, Mr. Rees, mais puis-je vous demander les raisons de ces précautions que vous me conseillez?

— Si vous nous avez dit la vérité, Miss McCarthery,

vous êtes en danger maintenant que le criminel est averti que vous le connaissez et que vous êtes la seule à le connaître...

Tout en se déshabillant, Imogène qui avait suivi les conseils de Rees et fermé soigneusement sa porte, reconnaissait qu'elle s'était conduite comme une sotte. Elle avait abattu son jeu, dressé le meurtrier contre elle alors que — bien qu'elle s'en soit vanté — elle ignorait son visage. Ce Rees lui témoignait-il de la sympathie en la mettant en garde? La menaçait-il au contraire? Ou bien donnait-il des ordres à un complice en lui indiquant ce qu'il lui incombait de faire? Brusquement, l'héroïne de Callander eut peur et elle se précipita vers sa malle, enfin arrivée! pour y prendre son pistolet; mais à son grand effarement, elle dut se rendre à l'évidence: l'arme avait disparu! On la lui avait prise et qui cela pouvait-il être, sinon le meurtrier de Norman Fullerton?

Pendant que le collège s'endormait, Keith McDougall, accroché au téléphone, larmoyant, exposait au superintendent Andrew Copland les malheurs déclenchés par sa protégée:

— Non seulement en se conduisant comme elle l'a fait à l'égard de notre meilleur professeur, Patrick O'Flynn, elle a porté un rude coup au standing de Pemberton que O'Flynn quitte dès demain! Non seulement elle a giflé Alison Kyle, la fille de la marmelade Kyle que vous connaissez forcément, Mr. Copland; non seulement elle a poché l'œil gauche de Gerry Lymb, l'unique héritier des linoléums de Kircaldy — et si ces deux familles retirent leurs enfants de mon collège, ce sera une catastrophe pour Pemberton — non seulement elle a tenté de briser mon ménage en insinuant publiquement que Mr. O'Flynn et ma femme entretenaient des rapports dépassant les limites de l'amitié, mais encore elle vient de déclarer publiquement que le meurtrier de Norman Fullerton appartenait à notre corps enseignant et qu'elle ne s'en irait pas avant de l'avoir démasqué!... Alors, moi, Mr. le superintendent, je vous demande: qu'est-ce que j'ai fait au ciel pour être pareillement accablé et en si peu de temps!

D'abord incrédule, Andrew Copland s'était mis à rire discrètement au fur et à mesure que McDougall égrenait le chapelet de ses malheurs, puis il admira l'extraordinaire et catastrophique personnalité de cette McCarthery.

— Je m'étais laissé dire, Mr. Dougall, que cette fille était un personnage à part, mais je ne me doutais pas que ce fût à ce point-là. Je me trompe peut-être, mais il se pourrait bien qu'elle devînt vite la reine de Pemberton!

— Alors, elle règnera sur un désert! Car personne ne pourra la supporter longtemps et moi, je rêve de suicide!

— Allons, McDougall, ne dites pas de sottises! J'irai demain matin à Pemberton pour tempérer les ardeurs combatives de Miss McCarthery. J'espère que d'ici là, il ne se passera rien de grave. Bonsoir.

Contrairement aux espérances du superintendant, il se passa quelque chose de grave. On découvrit, en effet, au petit matin, le corps de Patrick O'Flynn sur le banc du parc où Alison et Gerry se rencontraient. Il avait été tué d'une balle de revolver dans la tête.

CHAPITRE V

— Samuel, je vous répète que vous n'avez pas le droit d'avancer votre cavalier de cette façon! Regardez: un, deux, trois... quatre! Ou bien: un, deux, trois... quatre. Ce n'est pourtant pas difficile! Y mettriez-vous de la mauvaise volonté, Sam?

Le constable Tyler soupira. Il détestait les échecs auxquels il ne comprenait absolument rien. Le sergent McClostaugh n'y comprenait pas beaucoup plus, mais il ne s'en rendait pas compte et, plein de suffisance, s'acharnait à vouloir enseigner le noble jeu au malheureux constable pour qui, désormais, les instants de repos devenaient de véritables tortures.

— Et ce coup-ci, hein, qu'est-ce que vous en dites, Samuel? C'est joué, non?

Heureux de sa réussite, McClostaugh exigeait, pour savourer pleinement sa joie, l'approbation admirative de son subordonné.

— Et hop! vous êtes cuit, Sam! Ma dame vous tient de ce côté, là ma tour et mes cavaliers sont prêts à vous sauter dessus si vous tentez d'échapper! Un sacré beau coup, Sam! N'est-ce pas votre opinion?

— Si vous saviez ce que je m'en fous, chef!...

154

Le sergent regarda sévèrement Tyler:

— Constable, en me répondant comme ça, vous manquez au respect que vous me devez et vous vous montrez indigne de l'amitié que je vous témoigne! Vous êtes un ingrat, Tyler!

La sonnerie du téléphone interrompit la diatribe du sergent. Il décrocha:

— Poste de police de Callander, j'écoute... Quoi?... Vous êtes sûr?... Bon, d'accord... Ne touchez à rien, nous arrivons!

Ayant raccroché, McClostaugh se leva.

— En route pour Pemberton, Tyler, on vient d'y tuer un professeur.

— Encore?

— Encore? Qu'est-ce que vous entendez par là?

— Chef, souvenez-vous: le type assassiné au match de rugby, Fullerton...

— Seigneur tout-puissant! Il était aussi professeur à Pemberton!

— Eh oui! chef!

Tout en finissant de s'habiller, Archibald McClostaugh grommela:

— Je me demande qui a bien pu se fourrer dans la tête d'éliminer le corps professoral de Pemberton?

— Un maniaque ou un fou.

Le sergent, qui était en train de boutonner sa tunique, suspendit son geste et hurla:

— Imogène McCarthery!

Le constable sursauta, puis interrogea, angoissé:

— Où?

Archibald lui prit le bras et, exalté:

— Une folle! C'est ce qui m'a conduit à y penser! Elle se trouve à Pemberton! Pas besoin d'aller chercher plus loin! Vous connaissez mon opinion sur cette abominable créature, Sam... Je suis certain que c'est elle qui a tué Fullerton. Elle a ajouté un autre professeur à son tableau de chasse, quoi de plus naturel? Puisque cette horrible femme peut tout se permettre, pourquoi ne chasserait-elle pas le professeur comme d'autres la grouse?

Le constable détestait le parti-pris permanent de son supérieur à l'encontre d'Imogène.

— Chef, vous accusez sans preuve!

— Je sais, Tyler, qu'en souvenir d'une jeunesse commune, vous vous refusez à voir cette MacCarthery sous son véritable aspect... Vous n'hésitez pas à me trahir... Je ne vous le reproche pas, Tyler... Vous avez l'âme basse et l'esprit terre à terre, vous n'y pouvez rien... En tout cas, je ne pense pas que ce soit nécessaire de nous rendre à Pemberton...

— Pas nécessaire?...

— A quoi bon? Dès que j'aurai établi de façon irréfutable la culpabilité d'Imogène McCarthery, on me fera dire discrètement de ne plus me mêler de rien, car l'honneur de la Couronne est en jeu! Et je vous le demande, Tyler, qu'est-ce qu'il peut bien y avoir de commun entre Imogène McCarthery et la Couronne?

Keith McDougall restait couché avec une poche de glace sur la tête. Lorsque son épouse, Moira, cessait de pleurer la mort de l'homme avec qui elle avait décidé de partir, elle s'inquiétait de la santé de celui avec lequel elle était, désormais, contrainte de demeurer. En bref, aucun des McDougall ne se révélait capable d'assumer son rôle au milieu de la tragédie qui venait d'ensanglanter Pemberton. Avec le consentement des autres, Owen Rees — au nom de l'ancienneté — remplaça le directeur défaillant. Ce fut à lui que McClostaugh et Tyler se présentèrent Mis au courant de l'état des McDougall, le sergent déclara ne pas avoir besoin d'eux pour l'instant. Sa première tâche consistait à examiner le cadavre et à étudier le lieu du crime. Cette double entreprise n'apporta rien de positif à McClostaugh qui réunit tout le corps professoral dans le living-room. Sur son ordre, McDougall, hébété, fut descendu et installé dans un fauteuil par sa femme qui fit excellente impression sur Archibald. Par contre, lorsque ce dernier vit entrer Miss McCarthery, il recula d'un pas ainsi que le promeneur s'apercevant à temps qu'il allait mettre le pied sur un serpent. Cynique, Imogène sourit aux policiers et eut l'effarante impudence d'adresser un petit signe d'amitié au sergent qui y découvrit une idée bien arrêtée de le bafouer.

— Ladies et gentlemen, je ne vous apprendrai rien en vous assurant que la mort de Patrick O'Flynn ne saurait être attribuée ni à un décès naturel, ni à un suicide. Il s'agit donc d'un meurtre. Meurtre que je qualifierai de meurtre préparé de sang-froid, en pensant à la disparition de Norman Fullerton. Ladies et gentlemen, vous admettrez, j'en suis sûr, qu'il n'est pas normal pour des universitaires de succomber de cette façon, c'est pourquoi je demanderai au coroner d'ouvrir une nouvelle enquête.

Flora Pritchel crut bon de pousser un gémissement roucoulé qui remua Dermot Stewart jusqu'à la moelle. Il se précipita, lui prit les mains et les lui serra fiévreusement. Archibald McClostaugh, surpris, s'enquit:

— Qu'est-ce qui vous arrive, Miss?

Flora sembla considérer le fait de lui adresser la

parole comme une accusation dissimulée. Elle fondit en larmes, en bégayant:

— Ce n'est pas moi! Je le jure! Ce n'est pas moi!

Décontenancé, le sergent protesta:

— Mais personne ne vous accuse, Miss!

Maureen McFadden intervint sèchement:

— Oh! assez Flora! Cessez de jouer les petites filles, c'est stupide!

Flora Pritchel blêmit:

— Vous... vous me détestez, n'est-ce pas?

Dermot Stewart courut à son secours:

— Ne vous inquiétez pas, Flora, je suis là!

McClostaugh regarda Tyler d'un air de lui dire que s'ils avaient avec Miss Pritchel un échantillon des mœurs universitaires, ils n'avaient pas fini de rire. Il reprit la parole:

— Je n'accuse personne, que ce soit bien entendu une fois pour toutes! Nous n'avons pas l'habitude d'accuser à la légère dans la police de Sa Majesté! Patrick O'Flynn a été tué d'une balle de revolver. Il nous faut tâcher de retrouver cette arme. Le constable Tyler, guidé par l'un d'entre vous... Vous, Mr. Baxter!

Le professeur de culture physique s'inclina:

— ... va fouiller rapidement vos chambres. Ne protestez pas! C'est mon devoir et personne ne m'empêchera de l'accomplir!

Sam et Baxter partis pour leur inspection, Owen Rees demanda la permission de rejoindre les élèves afin de leur expliquer le retard des cours. Archibald crut malin de faire accompagner le professeur d'anglais par une de ses collègues et désigna Elspeth Whitelawk. Ainsi, pensa-t-il, ils se surveilleraient mutuellement.

158

Lorsque Tyler, toujours en compagnie de Gordon Baxter, revint dans le living-room, McClostaugh, rien qu'à voir la tête de son subordonné comprit que quelque chose de grave venait de se produire. Il sentit un fourmillement de plaisir lui chatouiller la colonne vertébrale.

— Alors, Tyler?

Sans un mot, ce dernier lui tendit un revolver qu'il tenait dans son mouchoir. Le sergent prit l'arme de la même façon et en porta le canon à son nez. Après avoir reniflé à plusieurs reprises, il déclara, solennel:

— On s'en est servi il n'y a pas longtemps... Et je pense, Tyler, que le calibre de ce revolver doit correspondre au calibre de la balle qu'on trouvera dans la tête de la victime?

— Je le pense aussi, chef... si l'on en peut juger par l'impact et l'aspect de la blessure mais pour en être certain, il faudra attendre l'autopsie.

Sèchement, McClostaugh répliqua:

— Merci pour le renseignement, Sam. Je connais mon métier, figurez-vous!

— Excusez-moi, chef...

— Maintenant, Tyler, je vous pose cette question et je prie tout le monde de prêter attention à la réponse du constable... Tyler, où avez-vous trouvé cette arme?

Sam eut un regard de détresse en direction d'Imogène.

— Dans une chambre qu'on m'a affirmé être celle de Miss McCarthery.

On se tourna vers celle-ci qui, loin de paraître affectée, demanda paisiblement:

— Et alors? Quoi d'étonnant à ce qu'on trouve dans ma chambre un revolver qui m'appartient?

Le sergent voulut ironiser:

— Je sais qu'avec vous, Miss, il n'y a jamais rien d'étonnant. Que vous enseigniez armée d'un revolver peut vous paraître des plus naturel... Que vous abattiez les collègues qui vous déplaisent est, évidemment, une solution. Vous me permettrez de ne pas la trouver à mon goût?

— Archibald, c'est sans espoir... vous serez toujours aussi bête...

Il y eut un silence désapprobateur. A Pemberton, on n'était pas habitué à entendre parler sur ce ton aux représentants de la police. Se devinant soutenu par l'assistance, le sergent réagit:

— Miss McCarthery, dans votre bouche, les injures n'ont qu'une importance secondaire, je le reconnais, cependant, si vous persistez dans cette attitude, je me verrai obligé de vous déférer devant les tribunaux pour insultes à un représentant de la force publique dans l'exercice de ses fonctions! Sur ce, Miss, je vous écoute?

— Il vaut mieux pas, Archie, car si je vous confiais exactement ce que je pense de vous, vous avez beau avoir la sensibilité d'un hippopotame, vous finirez quand même par rougir!

McClostaugh hésita; établir une analogie entre un hippopotame et un sergent de police de Sa Majesté pouvait-il être retenu pour injure? Il y a, évidemment, des hippopotames britanniques... Dans le doute, McClostaugh s'abstint. Il se contenta de remarquer:

— Je vous serais obligé, Miss, de vous conduire plus respectueusement à l'égard de la police et de ne pas m'appeler Archie!

— Entendu, Archie... Mais vous me ferez toujours rire!

— Dans ce cas, j'espère que nous rirons ensemble,

160

Miss, lorsque vous m'aurez révélé pour quelles raisons c'est votre revolver qui a servi à tuer Mr. O'Flynn.

— Tout simplement parce qu'on me l'a volé.

McClostaugh ricana:

— Pas très original comme défense, Miss.

— La vérité n'est jamais très originale, Archie.

— Eh bien! moi, Miss, je ne serais pas surpris que vous ayez tué Mr. O'Flynn, comme vous avez peut-être abattu Norman Fullerton...

— Toujours futé, à ce que je comprends, Archie? Et pour quelles raisons ces meurtres, à votre avis?

Alors là, le sergent perdit son sang-froid et se laissa emporter par sa vieille rancune à l'égard d'Imogène:

— Parce que vous êtes un monstre! Parce que depuis que je suis à Callander, vous essayez de me rendre fou! Parce que tuer est votre passe-temps favori! Parce que, jusqu'ici, vous avez joui d'une insolente impunité! Parce que je ne veux pas prendre ma retraite sans vous avoir vue condamnée au gibet! Parce qu'il n'y a plus pour moi d'existence possible tant que vous serez sur cette terre!

En proie à une véritable crise de nerfs, Archibald McClostaugh pleurait et criait à la grande stupeur des professeurs de Pemberton. Le constable Tyler, affreusement ennuyé, essayait d'apaiser son chef auquel il offrit une chaise où le sergent se laissa tomber, haletant. Maternelle, Imogène vint lui mouiller les tempes d'un peu de lavande et lui fit boire une goutte de whisky étendue d'eau.

— Allons, Archie, calmez-vous...

McClostaugh but le verre que Miss McCarthery lui tendait et le lui rendant murmura:

— J'espère que ce breuvage était empoisonné?

— Excusez-moi, Archie, j'avais oublié mes fioles...
Je le regrette, ce sera pour la prochaine fois.

Le sergent perçut quelques rires étouffés et, furieux,
s'en prit au constable:

— Et alors, Tyler, vous lui laisserez faire son
numéro jusqu'à quand? Et si elle m'avait empoisonné, hein? Ça vous aurait arrangé, naturellement?
Vous auriez volé ma place! Volé, parfaitement, Tyler,
car vous êtes un incapable!

Éperdu, le constable ne savait plus où se fourrer
lorsque Imogène lui apporta le réconfort de son
approbation.

— Ne l'écoutez pas, Sam... Vous savez bien qu'Archie est encore plus bête que méchant?

McClostaugh bondit sur ses pieds, glapissant:

— Ce coup-ci, ça y est! Vous y avez droit!

A la vérité, plus personne ne se souciait du pauvre
O'Flynn tant on était passionné par le duel Imogène-
McClostaugh. Ce dernier semblait déjà marquer un
point lorsque Andrew Copland, le superintendent,
pénétra dans la pièce.

— Eh bien! McClostaugh, que se passe-t-il? On
vous entend crier du fond du parc. Ce n'est ni une
manière, ni une tenue. Et d'abord, pourquoi êtes-vous
ici avec votre constable?

Le superintendent ignorait encore le meurtre
d'O'Flynn et ne venait à Pemberton que pour tenir
la promesse faite à McDougall. Lorsqu'on lui eut
appris le drame qui s'était déroulé dans la nuit, il en
montra de l'humeur:

— Et pour quelles raisons n'avez-vous pas prévenu mes services, sergent? Voilà une négligence qui
me surprend de votre part. Vous vous en expliquerez
plus tard... Où en êtes-vous de votre enquête?

— Nous avons récupéré l'arme du crime... dans la chambre de Miss McCarthery qui l'a reconnue comme lui appartenant.

Andrew Copland se tourna vers la grande Ecossaise. Ainsi, c'était donc là la fameuse Miss McCarthery.

— C'est exact, Miss?

— Exact.

— Bien. Dans ces conditions, sergent, je pense que les professeurs peuvent regagner leurs classes. Miss McCarthery, vous restez. McClostaugh, téléphonez pour qu'on enlève le corps, mais, auparavant, appelez le service et dites qu'on envoie les photographes et qu'on prévienne le médecin légiste. Je suis surpris, McClostaugh, d'avoir à vous commander tout ceci. Tyler, veillez à ce qu'on ne me dérange pas.

Lorsque le superintendent et Imogène se retrouvèrent seuls, Andrew Copland pria Miss McCarthery de s'asseoir.

— Miss, je suis au courant de bien des choses en ce qui vous concerne... D'entrée, je suis donc porté à vous accorder ma confiance mais... ce ne serait pas la première fois qu'un esprit retors aurait abusé des gens de qualité...

— Et l'esprit retors, en l'occurrence, ce serait... moi?

— Pardonnez-moi si je vous ai choquée?

— Pas le moins du monde et je comprends fort bien votre raisonnement. De la même manière, on pourrait dire que pour atteindre au poste que vous occupez, vous avez pu abuser des gens de qualité et ainsi pousser vos supérieurs à donner le poste de superintendent à un redoutable crétin, infatué de sa personne, n'est-ce pas?

Jamais encore quelqu'un n'avait osé lui parler ainsi. Copland mit un certain temps à réagir tant était grand son désarroi. Il fit appel à toute son énergie, à ses ultimes réserves d'indignation et, se levant, majestueux:

— J'imagine, Miss, que vous perdez la tête? J'attends vos excuses!

— Ce n'est pas dans mes habitudes, superintendent.

— Comptez sur moi pour les changer, vos habitudes!

— Ça m'étonnerait!

— Vous rendez-vous compte que tout vous désigne comme étant la meurtrière de cet O'Flynn?

— Et alors?

— Enfin, Miss, êtes-vous stupide ou faites-vous semblant?

— Si je fais semblant cela suffira à me différencier de vous!

Avant que le superintendent ait pu répondre, elle enchaîna:

— Il suffit donc que le criminel prépare une mise en scène où un attardé mental ne se laisserait pas prendre pour qu'aussitôt vous tombiez dans le piège? Voulez-vous me révéler, s'il vous plaît, quel motif j'aurais eu de tuer O'Flynn?

C'est alors que, soutenu par sa femme, McDougall entra dans la pièce. Il s'effondra plutôt qu'il ne s'inclina devant le superintendent. On eût dit des « Pestiférés de Jaffa devant Bonaparte », sauf que le directeur de Pemberton se présentait dans une tenue plus décente. Mais tel quel, le tableau ne manqua pas d'impressionner vivement Andrew Copland. McDougall se plaignit avec une amertume hargneuse:

— C'est le bouquet, cette fois, Mr. le superintendent! Quelqu'un de bien, votre protégée! Après tout ce qu'elle m'a infligé en moins de vingt-quatre heures, il a fallu qu'elle commette un meurtre! Ce n'est pas Dieu possible, vous me l'avez envoyée exprès pour me ruiner! Mais je vous attaquerai, tout superintendent que vous êtes!

Un peu interloqué au début, Copland réalisa que tout le monde s'ingéniait à le disputer, voire à l'injurier et qu'il était temps qu'il mît le holà!

— Attention à vos paroles, Keith McDougall! Qu'est-ce qui vous permet d'accuser Miss McCarthery de crime?

— Ah! c'est bien ça! Vous voulez la disculper parce que vous sentez que votre responsabilité est engagée!

— McDougall!

Moira tenta d'apaiser son mari, mais il l'envoya promener:

— Fichez-moi la paix, Moira McDougall! J'en ai assez de servir de souffre-douleur aux uns et aux autres! Je dirai ce que j'ai à dire et personne ne m'en empêchera!

D'un calme qui contrastait avec l'énervement ambiant, Imogène remarqua:

— Racontez ce que vous voudrez, McDougall, mais veillez bien à vos paroles! Si vous m'atteignez dans mon honneur, on ne vous arrachera de mes mains que pour vous conduire à l'hôpital!

— Vous l'entendez, superintendent, vous l'entendez? Elle a tué Patrick O'Flynn qu'elle a menacé devant tout le monde au dîner, hier soir! Elle lui a recommandé de ne pas se trouver sur son chemin s'il ne voulait pas mourir! Est-ce vrai, oui ou non?

Copland ordonna:

— Répondez, Miss McCarthery?

— Une phrase en l'air... comme on en prononce pour répliquer à un personnage aussi odieux que suffisant. Mais ce qui n'était pas gratuit, ce sont les menaces que Mr. McDougall a adressées à Patrick O'Flynn lorsqu'il l'a surpris tenant sa femme dans les bras!

Ecrasé par cette révélation, Keith McDougall demeura sans voix tandis que sa femme portait vivement les mains à son visage pour cacher sa honte. Intéressé autant que surpris, Copland s'adressa au directeur:

— C'est vrai?

McDougall hésita et puis, vaincu:

— C'est vrai...

Le superintendent émit un léger sifflotis pour marquer son prodigieux intérêt et conclut:

— Voilà qui change tout, il me semble?

Le pauvre directeur de Pemberton, qui, en moins de quarante huit heures, avait connu toutes les misères, toutes les angoisses, toutes les humiliations, écarta les bras d'un geste de renoncement total, définitif. En dépit de sa situation officielle lui interdisant de manifester ses sentiments, Andrew Copland fut ému. Néanmoins, son devoir exigeait qu'il retournât le fer dans la plaie.

— McDougall, je suis navré pour vous... mais du diable! si je devine pourquoi Miss McCarthery se trouvait là quand Mrs. McDougall se conduisit de façon... hum... irréfléchie?

En réalisant ce qu'elle endurait, Moira McDougall

s'interrogeait sur ce que pouvait être le sort des épouses ayant complètement oublié leur devoir?

— Je n'en sais rien, Mr. le superintendent! Lorsque ce regrettable incident s'est produit, j'aurais juré que nous n'étions que tous les trois, mais sans doute cette envoyée du démon devait être dissimulée dans quelque coin!

— En tout cas, McDougall, je suis obligé de convenir que vous possédiez un motif plausible de vous débarrasser de Patrick O'Flynn... Je crains pour vous des jours difficiles...

Le constable Tyler se présenta pour annoncer que l'un des professeurs, Mr. Owen Rees, souhaitait parler au superintendent. Ce dernier donna l'ordre de l'introduire. Tout de suite, Rees lui plut car il paraissait avoir gardé tout son sang-froid.

— Vous avez demandé à me voir, Mr. Rees?

— S'il vous plaît, Mr. le superintendent. J'aimerai vous soumettre une réflexion qui m'est venue à propos de la mort d'O'Flynn.

— Désirez-vous m'entretenir en particulier?

— C'est inutile.

— Alors, je vous écoute?

— Voilà. Je connais Mr. McDougall depuis longtemps et je le sais incapable, même sous le coup de la plus violente colère, de commettre un meurtre. Au surplus, je crois bien qu'il n'a jamais touché un revolver de sa vie et qu'il ignore la manière de s'en servir...

Bouleversé, le directeur chuchota un « merci » noyé de larmes.

— ... quant à Miss McCarthery, je ne la connais que depuis quelques heures et si je suis certain d'une chose, c'est qu'il est contraire à sa nature de tuer

167

par-derrière. De plus, au cas où elle aurait voulu abattre O'Flynn, elle ne se serait sûrement pas servie de son propre revolver... et n'aurait pas mis tout le monde au courant de ses intentions à seule fin d'être immédiatement soupçonnée!

— En somme, si je vous suis bien, Mr. Rees, ni Miss McCarthery, ni Mr. McDougall ne sont coupables de ce meurtre... Par contre, quelqu'un au courant, soit de l'incident ayant mis aux prises la victime et le mari outragé, soit des menaces de Miss McCarthery, en aurait profité pour éliminer l'Irlandais et mettre le crime au compte d'un autre... Dans ce cas, qui pouvait avoir envie de tuer Patrick O'Flynn?

— Personne.

— Ah! vous en convenez!

— J'en conviens d'autant plus volontiers, Mr. le superintendent, que je suis persuadé qu'il y a eu erreur sur la personne.

— Erreur? Comment cela?

— Quand on a tiré sur O'Flynn, il était enveloppé dans sa robe de chambre un peu monastique et qui rappelle beaucoup la robe que portait hier Miss McCarthery... Dans la nuit... la confusion se révélait possible et ce, d'autant plus que le tireur devait avoir peur... Il s'est sans doute aperçu trop tard de sa méprise... En résumé, nul n'a jamais voulu attenter à la vie de l'Irlandais... et nul n'y a attenté sinon en se trompant. Cela cadre avec la logique.

— Pas entièrement, Mr. Rees! Car qui pouvait aspirer assassiner Miss McCarthery, sinon O'Flynn avec qui elle avait eu une grave altercation, ou encore McDougall dont elle mettait la fortune en péril?

— Une troisième personne, Mr. le superintendent... Le meurtrier de Norman Fullerton en présence duquel

Miss McCarthery a eu l'imprudence de dire qu'elle le connaissait et qu'elle ne se trouvait à Pemberton que pour établir les preuves lui permettant de le confondre.

Lorsque dans Callander la nouvelle courut que Miss McCarthery se trouvait de nouveau mêlée à une histoire de meurtre, l'émotion fut profonde. L'épicière — Mrs. McGrew — se déchaîna, demandant publiquement ce qu'attendait le gouvernement de Sa Majesté pour mettre définitivement hors d'état de nuire cette maudite femme? Ses clientes et amies, Mrs. Plury, Frazer et Sharpe l'approuvèrent hautement, mais William McGrew, l'épicier, n'hésita pas — avec une effronterie qui choqua quelque peu — à déclarer qu'il considérait Imogène comme une personne exceptionnelle et qu'il serait très fier de la compter dans sa famille. Mrs. McGrew, ulcérée, estima que son mari venait quasiment de reconnaître qu'il lui préférait Miss McCarthery. C'était là une constatation fort pénible pour une honnête femme n'ayant jamais failli à ses devoirs, sauf peut-être avec ce représentant en biscuits d'Aberdeen, mais il s'agissait d'une histoire que nul ne connaissait et qui ne regardait personne. William McGrew, se souciant peu des réactions d'amour-propre de son épouse, sauta sur l'occasion que le hasard lui offrait pour filer boire un verre chez Ted Boolitt, un supporter de l'Ecossaise.

Lorsque l'épicier arriva au *Fier Highlander*, Ted lui cria tout de suite:

— Vous êtes au courant, William?

— Bien sûr, Ted. C'est pour cela que je suis ici! Je pense que nous devons arroser cette nouvelle.

— C'est tellement mon opinion que je suis en train d'inventer un nouveau mélange que j'appellerai « Imogène! » Que diriez-vous d'un tiers de gin, un tiers de rhum, seulement je n'ai pas encore décidé de quoi serait composé le troisième tiers...

Mrs. Boolitt, qui entrait avec un plateau chargé de verres et de chopes, suggéra:

— Pourquoi pas un tiers de mort aux rats, Ted?

Mrs. Boolitt détestait Imogène, c'était de notoriété publique, mais on savait aussi que son mari lui avait déjà flanqué de sérieuses râclées pour essayer — en vain — de la ramener à de meilleurs sentiments en ce qui concernait Miss McCarthery. Soucieux de ses intérêts, Ted attendit que sa femme ait posé son plateau pour l'entreprendre vigoureusement.

— Combien de fois, Margaret, vous ai-je défendu de vous mêler à ma conversation?

— Suis-je votre femme, oui ou non, Mr. Boolitt?

— Hélas, oui, Mrs. Boolitt!

— Dans ce cas, vous n'avez rien à me cacher et j'ai le droit de fourrer mon nez où il me plaît!

— D'accord, Margaret, mais moi, en vertu des règles et coutumes traditionnelles de notre chère vieille Ecosse, j'ai le droit de vous tanner le cuir quand la fantaisie m'en prend ou pour châtier votre insolence. Mrs. Boolitt, je vais avoir l'honneur de vous rosser comme vous le méritez pour injure envers votre mari et injure encore plus grave à l'égard de Miss McCarthery, orgueil de tous les braves gens de Callander!

— Et des ivrognes!

Un mot malheureux et bientôt, aux alentours du *Fier Highlander*, les ménagères préparant leur repas s'arrêtèrent pour tendre l'oreille puis, amusées ou apitoyées, elles se murmurèrent: « Encore Ted qui corrige cette pauvre Margaret... »

Quand on l'eut mis au courant des nouvelles activités d'Imogène, le révérend Haquarson courut à l'église supplier le Seigneur de rattraper cette malheureuse sur le chemin de perdition où elle s'était si fâcheusement engagée et où elle s'opiniâtrait.

Le docteur Elscott, prévenu par un client, haussa les épaules, résigné:

— Rien de changera Imogène McCarthery, sinon la mort, et encore je n'en suis pas tellement certain... A mon idée, si elle mérite le paradis, elle s'y rendra très vite odieuse et même le Seigneur n'aura pas la patience nécessaire pour la supporter durant l'éternité... Si vous voulez mon avis, à eux aussi, là-haut, elle créera des complications!

Pour Rosemary Elroy — qui se tenait pour responsable des incartades du vieux bébé qu'était toujours Imogène à ses yeux — mise au courant par son mari Léonard, elle se contenta de soupirer. Mais le plus beau succès revint, sans conteste, au sergent Archibald McClostaugh lorsque, de retour de Pemberton où il avait laissé Tyler, il s'arrêta au *Fier Highlander* afin de boire le verre dont il rêvait depuis pas mal d'heures. Extrêmement flatté de se sentir l'objet de l'attention générale, il s'efforça de donner l'impression qu'il ne dirait rien. Il se contentait de boire un whisky après l'autre, convaincu que Ted n'oserait pas lui réclamer le prix des consommations après les nouvelles qu'il apportait. Comme il ne se décidait pas, le cafetier prit l'initiative et, la voix fêlée par l'enthousiasme:

— Alors, sergent, notre Imogène est redevenue elle-même à ce qu'il paraît?

McClostaugh huma son verre jusqu'à la dernière goutte, le reposa sur le comptoir, le poussa discrètement vers Boolitt qui le remplit de nouveau. Archibald eut un sourire d'aise et ne se fit pas prier plus longtemps. Ignorant l'entrevue de Rees et du superintendent, il restait sous le coup de ses impressions premières.

— Votre Imogène, Mr Boolitt, n'en a plus pour longtemps à embêter les honnêtes gens!

La déclaration solennelle du sergent suscita un gros malaise. Plus malin, McClostaugh se serait aperçu de la réprobation marquée sur les visages l'entourant, mais trop plein de son animosité envers l'Ecossaise, il vida son cœur:

— Et ce ne sera pas malheureux! Des années qu'elle empoisonne Callander! Qu'elle assassine son prochain sans qu'on n'ose jamais rien lui dire! Et savez-vous pourquoi on n'ose rien lui dire, Mr. Boolitt?

— Parce qu'elle n'est pas coupable, parbleu! et qu'il y a une justice chez nous, même si ceux chargés de l'appliquer n'en sont pas capables!

Aveuglé par le ressentiment, Archibald négligea la réflexion du cafetier et continua sur sa lancée:

— Parce qu'elle s'arrange toujours pour n'avoir pas l'air coupable! Mais cette fois, elle est cuite! L'homme qu'elle avait menacé la veille au dîner a été tué avec son revolver!... Qu'est-ce que vous en dites?

Ted regarda McClostaugh bien dans les yeux et, détachant ses mots:

— J'en dis que c'est une honte de voir un policier écossais s'acharner contre une fille du vieux pays! J'en dis, sergent, que Miss McCarthery est l'honneur de Callander et que c'est grâce à elle qu'on a battu les Bull-Dozer de Doune! Et qu'il n'y a que les imbéciles, les ratés et les envieux qui sont contre elle, ici!

Suffoqué par la brutalité de cette attaque, Archibald accusa le choc puis se reprenant, il s'appuya au comptoir, avança vers Ted un visage que la fureur violaçait et cria:

— Un complice! Voilà ce que vous êtes! Je fermerai votre établissement, Ted Boolitt, par mesure de salubrité publique! Quant à votre whisky, un enfant au maillot n'en voudrait même pas tant il est fade!

Un long murmure de réprobation s'éleva dans le dos de McClostaugh et une voix anonyme déclara très haut:

— Ça se dit Ecossais et ça insulte le whisky! Mais d'où, diable! sort-il cet olibrius?

Le sergent se retourna d'un bond comme si on lui avait planté une épingle dans les fesses.

— Qui a dit ça? Qu'il se montre le lâche et je lui rentre ses injures dans la gorge!

Froid, Ted Boolitt annonça:

— Je vous prie, Mr. McClostaugh, de ne pas créer de scandale dans mon établissement, sinon j'appelle la police pour vous expulser!

— La police? Vous en avez de bonnes! C'est moi la police!

Ted montra l'assistance d'un geste large:

— Le cas échéant, ces gentlemen pourront témoigner de la manière dont un policier se conduit quand il est pris de boisson...

— Je suis pris de boisson, moi?

— Vous avez bu sept whisky...

— Et alors?

173

— Et alors, vous me devez dix-sept shillings et neuf pences!

Longtemps ceux qui, ce jour-là, rencontrèrent le sergent Archibald McClostaugh, se demandèrent ce qu'il avait voulu insinuer en affirmant qu'Imogène McCarthery était un escroc et qu'il renoncerait à son propre nom s'il ne parvenait pas à lui faire payer dix-sept shillings et neuf pences. Plein d'une fureur que plusieurs heures de méditation solitaire n'avaient pas apaisée, Archibald retourna vers la fin de l'après-midi à Pemberton pour y relayer Tyler et y passer la nuit, le superintendent craignant qu'un autre crime s'y perpétrât. McClostaugh ne le pensait pas mais il le souhaitait car, cette fois, bien décidé à ne pas quitter Imogène McCarthery du coin de l'œil, il la prendrait sur le fait et commencerait par lui administrer la plus fameuse raclée qu'elle aurait jamais reçue de toute sa garce d'existence avant de l'attraper par la peau du cou et la traîner jusqu'à la prison de Callander où il inviterait Ted Boolitt à venir la visiter! Quelle admirable revanche en perspective!...

Andrew Copland était reparti en direction de Perth McDougall, s'assimilant au capitaine dont le navire coule en plein Atlantique sans que personne lui puisse porter secours, avait acquis cette gravité spontanée caractérisant ceux qui savent la mort proche. Keith McDougall allait couler corps et biens avec la réputation du collège de Pemberton. Déjà, le superintendent ne lui avait pas caché qu'il envisageait difficilement de laisser son fils dans une maison où semblait professer un disciple de Thomas de Quincey. De plus, après la manière dont l'atroce Imogène McCarthery avait traité Alison Kyle et Gerry Lymb, il restait peu de chance pour que le magnat de la marmelade et le roi du linoléum ne retirent point leurs enfants d'un endroit où on les traitait de façon si vulgaire. Pour essayer d'amortir le choc, il fit savoir à Gerry et à Alison qu'il leur parlerait après le dîner.

De leur côté, les deux jeunes gens n'en menaient pas large. Une indiscrétion de Flora Pritchel leur avait permis d'apprendre qu'au cours de la réunion des professeurs, leur ennemie, Miss McCarthery, exigeait leur renvoi. Quand on leur eut transmis l'invitation du directeur, ils ne doutèrent pas un instant que ce ne fût pour leur signifier leur renvoi. Côte à côte, ils erraient à travers les couloirs déserts de Pemberton. Gerry, en plus de ses craintes touchant un renvoi éventuel, paraissait de fort méchante humeur. Soudain, il s'arrêta, croisa les bras:

— Et dire que j'avais tout arrangé pour dimanche! Il a fallu que vous vous fassiez coincer!

Essayant de paraître détachée mais n'y parvenant pas, Alison s'enquit timidement:

— Vous... vous ne sortirez pas avec une autre, n'est-ce pas?

— Je n'en sais rien!

— Oh! Gerry...

Il y avait tant de détresse dans la voix de la petite que le garçon se crut obligé de la prendre dans ses bras.

— Je resterai pour vous tenir compagnie.

— Vrai?

— Je le jure! Mais une autre fois, Alison, évitez de faire « oh! » quand vous surprenez des gens dans une situation délicate!

175

— Gerry, donnez-moi votre parole que vous n'aimez que moi?

— Qu'est-ce qui vous arrive?

— Dans une maison où règne l'injustice, on serait bien capable de me voler votre cœur! Et je vous avertis, Gerry, que lorsque nous serons mariés...

Sinistre, il l'interrompit:

— Nous ne sommes pas encore mariés, *darling*, car si l'on nous flanque à la porte, mon père m'enverra à Saint-Andrews et il y a bien des chances pour que vos parents vous expédient auprès de votre tante à Glasgow...

— Ce serait terrible, Gerry!

Il approuva d'un ton pénétré:

— Terrible, oui, car nous ne nous verrions plus et si je ne vous vois plus, Alison, je vous oublierai... J'en aurai beaucoup de peine, mais je suis incapable d'aimer une fille que je ne verrais pas.

— Moi, je vous aimerai toujours, Gerry... Il ne faut pas qu'on nous renvoie!

— Cela ne dépend plus de nous, *darling*...

— Si, à condition de savoir nous y prendre...

— Qu'entendez-vous par là?

— Oubliant la gifle qu'elle m'a donnée, je vais tenter de convaincre Miss McCarthery de ne pas exiger notre départ...

— Je ne pense pas que vous réussirez, Alison.

— Alors, si j'échoue, vous essaierez à votre tour.

— Vous voulez que je lui présente des excuses alors qu'elle m'a presque fermé un œil d'une droite vicieuse et imprévisible?

— Il faut faire mieux que ça, Gerry... Parce que j'ai confiance en vous, Gerry, je vous permets de séduire cette McCarthery!

— Moi? Moi, séduire cette grande chèvre? Mais comment voulez-vous que je m'y prenne, Seigneur?

— C'est le moment d'essayer la méthode de Charles Boyer que vous vous vantez de connaître à fond. Le coup d'œil appuyé et l'espèce de bruit de gorge très doux qui ressemble à un roucoulement... A moins que vous ne soyez pas très sûr de votre technique?

— Oh! pour ça!... Mais, Alison, si elle se mettait dans l'idée de me sauter au cou?

— N'ayez pas peur: je serai là!

— Comment ça? Vous ne vous figurez tout de même pas que je vais séduire une autre femme sous vos yeux?

— J'attendrai derrière la porte... On y va?

— C'est vous qui prenez la responsabilité de tout ce qui pourra arriver, Alison.

Ils se prirent par la main et se dirigèrent vers la maison réservée aux professeurs. En chemin, Alison s'arrêta subitement pour s'exclamer:

— Mais, Gerry, j'y pense! C'est le mort qui m'a punie pour dimanche!

— Et alors?

— Puisqu'il est mort, sa punition ne compte plus? Et là où il est, le pauvre homme, qu'est-ce que vous voulez que ça lui fasse que je sorte ou non dimanche?

Gerry la regarda, sévère:

— Vous désobéiriez à un mort, Alison? Vous tenez donc à ce qu'il revienne la nuit pour vous rappeler votre déloyauté?

— C'est un Irlandais!

— Les fantômes écossais lui feraient sûrement une place parmi eux!

Le constable Samuel Tyler apprit aux deux jeunes

gens qu'Imogène se tenait dans le petit salon de lecture et qu'elle s'y trouvait seule.

Elle s'y trouvait seule parce qu'elle éprouvait le besoin de réfléchir. Si les observations d'Owen Rees lui avaient peut-être évité la prison préventive, il n'en restait pas moins qu'elle risquait la morgue maintenant. Elle ressentait une sorte de remords en réalisant que Patrick O'Flynn avait été assassiné à sa place et tout cela parce qu'elle avait trop parlé la veille au dîner, se vantant de connaître l'assassin de Fullerton. En tout cas, désormais, plus d'illusions à nourrir: le meurtrier se trouvait effectivement à Pemberton et prêt, vraisemblablement, à recommencer pour effacer son erreur au plus tôt. Pour la première fois, Imogène se demandait si elle était aussi perspicace qu'elle se plaisait à le croire.

Quand la porte s'ouvrit, elle sauta sur son fauteuil et faillit hurler tant ses nerfs étaient à vif. Elle se calma en reconnaissant Alison Kyle et, très vite, par suite de son constant souci de rester l'indestructible Imogène, elle redevint elle-même. Loin de soupçonner ce qui se passait dans l'esprit de la grande Ecossaise, Alison demanda:

— Je ne vous dérange pas, Miss?

— Que désirez-vous, Miss Kyle?

— Vous dire que j'avais décidé d'oublier la gifle...

— Ah?

— Et que je ne me plaindrai pas à mon père...

Imogène se leva et vint se planter devant la jeune fille:

— Ecoutez-moi bien, Miss Kyle. Vous vous figurez que votre papa, c'est l'astre du jour, n'est-ce pas? En tant que sa fille, vous avez raison; mais moi, les marchands de marmelade ne m'intéressent pas. Nous autres, les descendants des chefs de clans du vieux pays, pour ne rien vous cacher, nous méprisons les Ecossais qui s'adonnent au commerce. Et maintenant, que puis-je pour vous?

Les yeux largement ouverts, Alison se résignait à admettre qu'elle avait affaire à une sorte de monstre, une espèce de communiste qui parlait des marmelades Kyle avec désinvolture et qui se permettait de mépriser Hamish, Gregor, Alexander Kyle, en bref, quelqu'un avec qui il n'était positivement pas possible d'entretenir la moindre relation humaine.

— Rien, Miss... rien... Je regrette. Excusez-moi.

Alison sortit et retrouva Gerry dans le couloir.

— Alors?

— Oh! Gerry!... A votre tour d'essayer... Je ne voudrais pas vous ôter votre courage, mais je crains fort que vous ne parveniez à rien. Elle est terrible!...

— N'ayez crainte, Alison, je suis en pleine forme. Elle ne tiendra pas le coup!

La petite ne semblait pas autrement convaincue.

— Vous croyez vraiment?...

— Jugez vous-même, *darling*?

Et Gerry, se reculant d'un pas, enveloppa du plus chaud des regards sa fiancée qui frissonna délicieusement et qui défaillit presque lorsque le garçon roucoula de la façon la plus tendre, la plus discrète, la plus suave. En vérité, si cette McCarthery n'était pas l'incarnation d'un iceberg, elle serait troublée et quand une femme se trouble, on peut toujours espérer qu'elle puisse oublier même ses rancunes professorales. Ne doutant plus de la réussite, Alison tomba dans les bras de Gerry alors que Tyler poursuivant sa ronde apparaissait dans le couloir. Attendri, il tapota l'épaule de Gerry qui se détacha vivement de

179

sa camarade. Avec un bon sourire, le constable remarqua:

— Je pense que ce n'est pas l'endroit exact pour ce genre de manifestation.

Alison répliqua vivement:

— Je vais vous expliquer...

— Ce n'est pas la peine, Miss. Je ne suis pas vieux au point de ne plus me souvenir de ma jeunesse...

Alison piqua un fard et, pour s'éviter de répondre, poussa Gerry dans la pièce où Imogène s'interrogeait sur son avenir immédiat, commençant à regretter la douceur de sa maison de Callander et la quiétude de son bureau de l'Amirauté. En se présentant devant elle, Gerry lui rendit son self-contrôle.

— A votre tour, jeune homme, vous désirez sans doute me confier que vous ne me tenez point rigueur de vous avoir rappelé un peu brutalement le respect dû à une femme?

Ce sournois de Gerry prit une voix aux inflexions émouvantes:

— Miss... Je suis venu vous remercier...

— Me remercier?

— De m'avoir remis sur le bon chemin...

Face à ce repentir, Imogène, plus habituée aux batailles, perdait pied. Elle se contenta de dire assez sottement:

— Bon... c'est bien... et, ma foi, je ne vois pas ce que je pourrais ajouter?

— Et puis, vous êtes sous le charme...

Miss McCarthery crut n'avoir pas très bien compris. Elle examina le garçon et s'aperçut qu'il la regardait d'une drôle de façon.

— Pardon?

Mais Gerry, sûr de sa technique, assurait:

180

— Et ce n'est rien! Vous vous en rendrez vraiment compte tout à l'heure!

— Vous ne vous moquez pas de moi, jeune homme, par hasard?

— Laissez-vous aller... Ne vous défendez pas... C'est tellement inutile, d'ailleurs!

— Je ne comprends rien à ce que vous racontez! Et puis, je vous prie de ne pas me regarder ainsi... c'est de l'insolence!

Gerry appuya encore l'intensité de son regard, murmurant:

— Vous êtes vaincue... Je sens que vous vous abandonnez...

— Deviendriez-vous fou?

Mais elle se tut, ahurie, en entendant l'espèce de râle-hoquet qu'exhala son vis-à-vis. Elle se précipita sur lui:

— Vous êtes malade, mon petit?

Le petit en question se dégagea et reprit son numéro. Imogène courut à la porte.

— Vous n'êtes pas bien du tout, il faut que l'on vous soigne!

Dépité, le dénommé Lymb confessa:

— Ce n'est pas la peine... C'est raté!

Intriguée, Miss McCarthery revint vers lui.

— Qu'est-ce qui est raté?

— Mon truc du soupir...

— Ah! parce que ce feulement de fauve malade, c'était un soupir? Et puis-je vous demander quelle en est l'utilité?

— Séduire les femmes...

Quand elle fut certaine de la sincérité de son interlocuteur, elle éclata de rire.

— Eh bien! vous, la nouvelle génération, vous

nourrissez d'étranges idées sur la séduction! Dois-je comprendre que vous aviez l'intention de me séduire?

— Oui.

— Vous avez l'audace de l'inconscience. Mais vous savez, mon petit, je vous conseille vivement de vous essayer sur d'autres que moi, d'abord par respect pour mon âge...

— Oh! il y a de très chics grand-mères, vous savez!

Outrée, Miss McCarthery se fit très sèche:

— Vous n'êtes qu'un sot! Sortez!

Furieux de son échec, humilié par le mépris que lui témoignait l'Ecossaise, Gerry regimba:

— C'est vous que mon père fera sortir de ce collège, et en vitesse!

Alors, Imogène fonça. Empoignant Gerry par le bras, elle le souffleta à toute volée et, ouvrant la porte, le jeta dehors de toutes ses forces, si bien que sous le regard horrifié d'Alison, Gerry traversa le couloir sur un pied et rebondit sur le mur d'en face avant de s'écrouler devant elle. Elle se pencha sur lui.

— Gerry! Oh! Gerry, *darling*! Que vous arrive-t-il?

Le garçon ouvrit un œil désabusé:

— Ou ma technique n'est pas au point, ou cette femme n'a pas de cœur...

Moira McDougall hésita à mettre son mari au courant du dernier exploit de Miss McCarthery, craignant de l'accabler davantage encore, mais au point où il en était, le directeur pouvait tout entendre. Lorsqu'il sut qu'Imogène avait à moitié assommé Gerry Lymb, il se contenta de soupirer:

— Félicitons-nous qu'elle ne l'ait pas tué... Vous devriez lui dire, Moira, qu'elle perd beaucoup de temps. Puisqu'elle est venue pour ruiner Pemberton, conseillez-lui donc d'y mettre le feu... Ce serait plus rapide!

Et, au grand effroi de Moira, Keith McDougall, ancien et brillant élève du Corpus Christi de Cambridge, se mit à rire comme un possédé. La directrice se demandait comment arrêter cette manifestation d'hilarité malsaine lorsqu'une violente rumeur, emplissant le couloir, ramena Keith McDougall au sein des contingences terrestres. Il se leva d'un bond et se jeta dans le couloir pour entendre Elspeth Whitelaw crier qu'on venait de voler dans son laboratoire le flacon de sublimé corrosif et qu'il y avait de quoi empoisonner tout le collège.

Dès lors, un vent de folie parut souffler sur le corps professoral de Pemberton. Chacun épiait celui qui buvait ou mangeait, s'attendant, de toute évidence, à le voir tomber raide mort. Nul ne portait un verre à ses lèvres qu'il ne l'ait longuement flairé, une nourriture quelconque à sa bouche sans la mordiller du bout des dents avant de se décider à l'avaler. Dermot Stewart ne voulait plus quitter Flora Pritchel d'une semelle et exigeait de boire dans son verre, de manger dans son assiette à seule fin de lui servir de cobaye. Elspeth Whitelaw ne cessait de marmonner, se récitant tous les endroits où aurait pu se trouver le flacon perdu et où il n'était pas. Gordon Baxter avait une bouteille de lait ouverte à côté de son assiette, prêt à en absorber le contenu au moindre symptôme de brûlure stomacale. Apeurée, Moira refusait tous les plats alors que son mari dévorait dans l'espoir que le poison le délivrerait de la

183

honte l'accablant depuis vingt-quatre heures. Quant à Imogène, elle prenait soin de se servir la dernière car, à l'encontre des autres, elle savait que c'était elle que l'assassin visait. Dire qu'elle ne s'en souciait pas serait mentir mais, enfin, elle ne cédait pas à la panique. Elle se voulait d'une autre trempe que ces gens pusillanimes et indignes, pour la plupart, d'avoir vu le jour dans les Highlands.

Peut-être le plus inquiet de tous était-il le constable Tyler à qui le temps durait que son chef vint le remplacer, tant il craignait qu'un nouveau crime soit commis en sa présence et qu'ainsi la responsabilité des premières investigations lui incombât. Il poussa un vrai soupir de soulagement en voyant apparaître Archibald McClostaugh, la barbe en bataille. Il le mit aussitôt au courant du vol du poison. Le sergent l'écouta, puis le rassura :

— Sam, mon vieux, ne vous faites aucun souci, je ne pense pas que le meurtrier aura le culot de se livrer à ses sales activités sachant que je suis là!

— On ne sait jamais, chef...

— Il ne se passera rien, Sam, je vous l'affirme parce que je connais le coupable et qu'il n'ignore pas que je le connais!

Ahuri, Tyler contempla le sergent :

— Vous le connaissez chef?

— Comme je vous connais, Sam!

— Qui c'est, chef?

— Et qui voulez-vous que ce soit, Sam, sinon cette créature assoiffée du sang de ses semblables?

— Oh! chef! vous pensez encore à Miss Imogène?

— Parfaitement, Sam! Elle peut vous tromper, mais moi, elle n'y parviendra pas! Et je suis sûr que je ne prendrai pas ma retraite avant de l'avoir vue et entendue condamner au hard-labour!

Archibald ressemblait à Calchas vaticinant sur les malheurs futurs des Grecs et sa barbe était parcourue d'ondulations vengeresses. Tyler en fut fâcheusement impressionné.

— Sam, je ne la quitterai pas de l'œil et au moindre geste suspect, je lui saute dessus, je l'étrangle un peu, histoire de me soulager les nerfs, je lui passe les menottes, je la bâillonne et je la somme de s'expliquer!

Il s'agissait là d'un programme plus facile à exposer qu'à réaliser. Lorsque McClostaugh arriva à la salle à manger, Imogène n'y était plus. A la vérité, il n'y restait que Flora Pritchel et, naturellement, Dermot Stewart la couvant des yeux. Fort courtoisement, le sergent s'enquit du lieu où lui serait possible de rencontrer Miss McCarthery. On lui répondit assez grossièrement qu'on l'ignorait et que, par-dessus le marché, on s'en fichait. Sensibilisé par tous les ennuis qu'il devait à Imogène, Archibald réagit:

— Je ne suis pas professeur, sir, mais quand on me pose une question, je m'efforce d'y répondre avec courtoisie!

Dermot n'était pas un mauvais garçon. Il alla au sergent et lui serra la main.

— Excusez-moi, mais quand je suis auprès d'elle, je trouve toujours que le temps va trop vite et j'ai tendance à considérer tous les autres comme des importuns qui se sont donnés le mot pour m'empêcher de savourer mon bonheur!

Flora eut un très joli rire de gorge et chantonna:

— N'écoutez pas Dermot, sergent, il exagère sans cesse!

185

Le sergent se demanda si ces deux-là ne lui jouaient pas la comédie, histoire de se moquer de lui? Mais n'en étant pas assez sûr pour se fâcher, il préféra quitter la pièce. Un domestique lui apprit alors qu'il avait vu Miss McCarthery dans le parc; il s'y précipita.

En vérité, Imogène abandonnait le parc au moment où Archibald s'y engageait. Elle regagnait sa chambre, fatiguée. Elle empruntait le couloir où s'ouvrait sa porte lorsqu'elle vit la poignée de cette dernière bouger. Elle eut le réflexe de se jeter dans l'ombre d'un bahut et surprit ainsi Owen Rees qui sortait de chez elle. Tout dans son attitude trahissait assez son inquiétude. Miss McCarthery le laissa s'éloigner sans intervenir. Tout autre qu'Owen Rees aurait eu droit à une sérieuse explication, mais ce garçon lui plaisait. Elle n'ignorait pas qu'elle serait affreusement déçue s'il se révélait avoir l'âme tortueuse. A son tour, elle pénétra dans sa chambre. La porte refermée, elle inspecta les lieux pour tenter de découvrir, de comprendre ce que Rees avait pu y faire. Puis, minutieusement, elle examina chaque meuble, essaya de deviner si l'on en avait déplacé quelques-uns. En vain. La pièce lui paraissait être dans l'état où elle l'avait laissée. De guerre lasse, elle renonça à poursuivre ses investigations, se promettant de demander le lendemain à Owen Rees de lui expliquer à quoi rimaient ces incursions chez autrui. Couchée, Miss McCarthery voulut prendre les pilules qu'elle absorbait depuis quelques années pour allonger ses nuits et s'aperçut que la carafe placée sur sa table de chevet était vide. Elle en fut surprise car elle l'avait remplie elle-même avant de se rendre au dîner. Elle se leva pour prendre celle qui se trouvait sur sa toilette. Celle-là aussi était vide. Du coup, elle repensa à Owen Rees. C'était donc cela qu'il était venu faire? Une farce de collégien? En tout cas, si on avait voulu l'assoiffer, on s'était trompé car Imogène, toujours soigneusement prémunie contre les horreurs de la soif, gardait une bouteille de whisky en réserve. Elle déboucha son flacon de Black and White avec le sourire qu'on arbore quand on rencontre une vieille amie et s'apprêtait à porter gaillardement le goulot à ses lèvres lorsqu'une idée lui traversa l'esprit: si le poison se trouvait dans le whisky? Prudente, elle flaira et crut discerner une légère odeur, mais cela ne relevait-il pas de son imagination? Et, brusquement, elle comprit qu'Owen Rees se doutait que le meurtrier essaierait de l'empoisonner et c'est pourquoi il avait vidé les deux récipients dans lesquels on aurait pu déposer le poison; mais il ignorait l'existence du flacon d'alcool, tandis que le meurtrier, lui, ne l'ignorait pas car il avait dû apercevoir la bouteille en s'emparant du revolver. Seule Elspeth Whitelawk devait être capable de découvrir assez rapidement s'il y avait ou non du poison dans l'alcool. Enfilant sa robe de chambre, chaussant ses mules, elle se glissa dans le couloir, sa bouteille à la main, et McClostaugh qui l'aperçut crut, tout de bon, la prendre sur le fait et lui emboîta le pas.

Miss Whitelaw, plongée dans un problème de physique, ne dormait pas. Elle accueillit Imogène avec une certaine méfiance, l'héroïne de Callander ne lui étant pas particulièrement sympathique. Cependant, mise au courant, elle frétilla de plaisir à l'idée de la belle analyse à laquelle elle allait se livrer. Arrachant la bouteille des mains de Miss McCarthery, elle sortit précipitamment mais, sur son seuil, se heurta au sergent.

— Qu'est-ce que vous voulez, vous? En voilà une idée de venir frapper à la porte des demoiselles à une pareille heure? Auriez-vous des complexes dont vous souhaiteriez être débarrassé? Je vous avertis, je déteste les barbus, la barbe étant rétrograde, anti-hygiénique et bestiale! A moins que vous n'espériez assouvir de bas instincts? D'ailleurs, vous avez une tête à ne pas laisser les petites filles tranquilles! Vous me répugnez! Et maintenant, ôtez-vous de mon chemin!

Ecrasé par cette douche imprévue, le sergent ne réagit pas et Imogène en profita pour dire:

— Vous possédez un flair extraordinaire, Miss Whitelaw, car cet individu est bien tel que vous venez de le définir. Je le connais depuis longtemps et tout Callander répète que s'il y avait la moindre lueur d'honnêteté chez lui, il se serait déjà fourré en prison et s'empêcherait d'en sortir!

Elles s'éloignèrent sans que le malheureux Archibald ait songé à tenter le moindre mouvement et puis, soudain, il bondit, dépassa les demoiselles et, revenant vers elles, leur barra le passage de ses bras en croix. Miss Whitelaw n'appartenait pas au genre timide. Elle foudroya McClostaugh du regard et ordonna sèchement:

— Tirez-vous de là et en vitesse, sergent, ça vaudra mieux pour vous!

— Mais, Miss...

Imogène crut le moment venu d'ajouter son grain de sel:

— Allons, Archie, soyez raisonnable, ce n'est pas l'heure de jouer...

188

Et se tournant vers sa compagne, elle conclut, mutine:

— Un vrai gosse...

Mais Elspeth ne se rendait pas facilement.

— Jamais vu de gosse avec cette innommable chose au menton... Allons, dépêchons-nous!

Subjugué, McClostaugh les laissa passer, répétant machinalement:

— Un vrai gosse... un vrai gosse... un vrai gosse...

Avant que les deux femmes aient atteint la porte du laboratoire, il recouvra ses esprits et recommença le même manège que précédemment. Devant une pareille obstination, Miss Whitelaw marqua un temps d'arrêt, ce dont le sergent profita pour lancer:

— Miss! Cette bouteille qu'elle vous a remise, savez-vous ce qu'elle contient?

— Du poison. Vous en voulez?

Imogène précisa paisiblement:

— On lui en laissera une goutte puisqu'il aime ça!

Définitivement hors de combat, le sergent n'insista pas, se disant que les professeurs de Pemberton avaient de drôles d'habitudes mais qu'Imogène Mc-Carthery bût du poison ne l'étonnait pas outre mesure; il la croyait capable de tout.

Sachant ce qu'elle cherchait, il ne fallut que très peu de temps à Miss Whitelaw pour découvrir le poison dans le whisky. Elle déclara qu'à vue de nez, il y en avait de quoi faire passer de vie à trépas un couple de bœufs au plein de leur âge.

— Vous en avez bu, ma chère collègue?

Il parut à Imogène qu'une légère note d'espoir chantait dans cette question. Elle en fut ulcérée:

— J'ignore ce qu'on vous a raconté sur mon

compte, Miss Whitelaw, mais je vous assure que je ne prends pas du poison en apéritif!

Miss McCarthery, tout en épiant attentivement les coins ombreux, les renfoncements, les coudes du couloir, regagnait lentement sa chambre. Qu'on ait voulu la tuer ne la surprenait en aucune façon, l'assassin de Fullerton et d'O'Flynn y était presque contraint. Mais l'attitude d'Owen Rees l'étonnait. Pour qu'il se soit trouvé si parfaitement au courant des mauvaises intentions du meurtrier à l'égard d'Imogène et, plus encore, du moment où il matérialiserait lesdites mauvaises intentions, il fallait ou qu'il fût son complice, ou qu'il le surveillât de près. Les deux hypothèses sous-entendaient que Rees, tout en s'efforçant d'annihiler ses machinations, connaissait le coupable. Alors, pourquoi ne le dénonçait-il pas? Ne se rendait-il pas compte que son silence risquait de coûter encore des vies humaines? Probe, loyal, raisonnable, quels motifs obligeaient Owen Rees à se conduire aussi follement? Quels motifs pouvaient pousser un homme raisonnable à déraisonner, sinon l'amour? Le raisonnement logique amenait Miss McCarthery à un nom et à un seul. Elle n'osait pas le prononcer ne fût-ce qu'à voix basse car elle avait beaucoup de sympathie pour Miss McFadden. Dans son chagrin réel, elle essaya de trouver une consolation en se rappelant ceux qu'elle avait déjà trouvés sympathiques et qui, à l'usage, s'étaient révélés de parfaites fripouilles. Au fur et à mesure que les années passaient, leur nombre s'augmentait...

Le fait de se perdre dans des rêveries amères n'empêchait pas notre Ecossaise de se tenir sur ses gardes et elle sourit, en dépit de sa tristesse, en distinguant la silhouette du sergent McClostaugh qui l'épiait. Elle ne marqua aucunement qu'elle s'était rendu compte de sa présence et attendit d'être à sa hauteur pour lancer:

— Bonne nuit, Archie!

En réponse, on lui sauta dessus par-derrière et deux mains lui enserrèrent brutalement la gorge. Imogène essaya de crier, elle rua, s'écroula, sans pouvoir se débarrasser de son agresseur accroché à elle. Elle surprit encore un bruit lointain de galopade et s'évanouit.

Plus tard, Gordon Baxter assura que les cris le jetant hors de son lit lui avaient rappelé la ferme paternelle dans le comté de Nairn, à l'époque où l'on tuait le cochon. De son côté, Owen Rees, arrivé sur les lieux de la bataille en même temps que le professeur de culture physique, jurait qu'il pourrait vivre mille ans sans oublier le spectacle de Miss McCarthery allongée sur le dos à même le plancher, les deux mains agrippées à la barbe de McClostaugh penché sur elle et secouant la tête du sergent comme une ménagère son panier de salade. C'était le malheureux Archibald qui hurlait. On eut de la peine à séparer les combattants emmêlés et Imogène, son souffle retrouvé, accusait le policier d'avoir tenté de l'assassiner alors que McClostaugh, le visage et la barbe trempés des larmes arrachées par la souffrance, expliquait qu'ayant entendu prononcer son nom dans le couloir, il s'était dirigé vers l'endroit d'où l'appel lui semblait venir. Il avait alors, de loin, assisté à une lutte à mort. Aussitôt, il avait voulu s'emparer de l'agresseur, mais l'homme s'affirma d'une agilité extrême et, de plus, Miss McCarthery, encore à demi inconsciente, en l'empoignant au passage par le bas de son pantalon l'avait fait choir sur elle, lui saisissant immédiatement la barbe. On transporta l'Ecossaise dans sa chambre, on emmena McClostaugh boire un double whisky, mais, plusieurs jours après cette attaque nocturne, on trouvait encore, dans le couloir, des poils de barbe.

CHAPITRE VI

Le lendemain matin, après qu'Imogène eut entendu ses collègues lui exprimer leur sympathie (et elle se disait que parmi eux il y avait sûrement celui qui l'avait assaillie avec l'intention de la tuer), elle se heurta au directeur qui ne lui rendit pas son salut. Elle s'en étonna avec aigreur:

— Sans doute ignorez-vous, Mr. McDougall, que j'ai failli être assassinée cette nuit?

— Les entreprises qui ne sont pas menées à leur terme ne m'intéressent pas, Miss McCarthery!

— Dois-je comprendre, Mr. le Directeur, que vous regrettez de me voir encore de ce monde?

— Oui, je le regrette! Oui, celui qui vous a attaquée est un propre à rien puisqu'il n'a même pas été capable de vous occire! Oui, Miss McCarthery, vous êtes une calamité vivante et celui qui vous éliminera aura bien mérité de l'humanité, en général, et de Pemberton en particulier! Je ne vous salue pas!

En dépit de ses certitudes et de son aplomb, Imogène fut un peu abattue par cette algarade qu'elle ne prévoyait pas. Un moment, elle balança afin de savoir si elle laissait tout tomber pour retourner à Callander, mais presque aussitôt, le visage fin, intelligent, de Norman Fullerton lui apparut et elle se reprocha un instant de faiblesse indigne d'elle. Maintenant, elle se jura qu'elle ne renoncerait pas tant que le meurtrier de Fullerton et d'O'Flynn ne serait pas sous les verrous. Cet engagement lui coûtait cher car elle était à peu près certaine que le coupable se révélerait être Maureen McFadden qu'Owen Rees aimait et pour laquelle il était capable d'assumer tous les risques.

Après une bonne nuit, le constable Tyler, ayant enfourché la moto réglementaire, se présenta au collège pour relever son chef, le sergent Archibald McClostaugh. Ame simple, Samuel ne prit pas garde aux visages gênés de ceux qui l'accueillaient. A sa grande surprise, on le conduisit à la cuisine où il trouva le sergent, l'œil lourd, la paupière fripée et le menton enduit d'une crème calmante.

— Ah!... c'est vous, Sam...

Sans trop savoir pourquoi, Tyler se sentit bouleversé. Il ne reconnaissait plus la voix de son chef dans cette constatation prononcée d'un ton morne, résigné. McClostaugh avait beau vouloir, à toute force, lui apprendre à jouer les échecs, le constable éprouvait de l'amitié pour lui.

— Chef... quelque chose qui ne va pas?

Dans le regard qu'Archibald leva sur lui, Tyler crut discerner tout un monde de malheurs injustes, de souffrances imméritées.

— Rien ne va plus Sam... J'ai été agressé cette nuit en me portant au secours de quelqu'un en péril de mort... J'ai failli perdre ma barbe dans l'affaire.

Là, le constable ne comprenait plus.

— Votre barbe, chef?

— Je ne sais par quel miracle elle a pu résister au traitement qu'on lui a infligé. J'ai une partie de la peau du menton arrachée...

— Mais enfin, qui?...

— Qui?

Archibald McClostaugh se leva lentement, incarnation même de la justice bafouée, de la bonté raillée, de l'honneur piétiné. Impressionné, Tyler recula d'un pas.

— Qui? Vous osez me demander qui, Tyler?

Alors Samuel comprit. Il eut un cri de désespoir.

— Chef! Vous n'allez pas me dire que c'est...

— Et qui voulez-vous que ce soit, Tyler, sinon celle qui a dû jurer au diable que je prendrai ma retraite dans un asile d'aliénés? L'abominable Imogène McCarthery accrochée à moi comme les harpies à leurs victimes! Tyler, écoutez-moi, cette fois, c'est décidé: je la tue et je me suicide!

— Chef, vous n'avez pas le droit!...

— J'ai dépassé la notion du droit, Sam! Je ne peux plus... C'est au-dessus de mes forces! Rien que de prononcer son nom, je frise la crise de nerfs!

— Mais, enfin, chef, pourquoi vous a-t-elle infligé ce traitement odieux?

— Parce que je lui sauvais la vie!

McClostaugh rapporta par le menu sa triste aventure nocturne qui avait vu crouler son prestige et porter une atteinte sérieuse à l'intégrité de sa barbe. Il conclut:

— Ou cette femme ou moi, il y en a un des deux qui est fou! Pour le savoir, il faut que je l'abatte! Dès que je la vois, sans même l'avertir, je lui vide tout un chargeur dans le corps! Après, j'écouterai ses explications!

— Vous n'avez pas d'arme, chef!

— J'en ai pris une, Sam.

— C'est contraire au règlement!

— Je suis aussi au-dessus du règlement, Tyler!

Et pour bien montrer l'irrévocabilité de sa décision, Archibald McClostaugh se mit ostensiblement à nettoyer son pistolet dont il fit jouer la gâchette avec une crispation des mâchoires et un clignotement de la paupière annonçant une jubilation intense. Il n'était nul besoin de sortir d'Oxford ou de Cambridge pour comprendre que le sergent s'imaginait tirer sur l'Ecossaise. L'honnête Tyler se mit à avaler sa salive avec peine. La perspective d'un massacre proche l'épouvantait et le scandalisait tout ensemble. Il ne voulait pas la mort d'Imogène, car c'eût été souhaiter qu'on assassinât sa propre jeunesse, et être obligé de conduire à la prison son supérieur hiérarchique apparaissait aux yeux de Samuel comme un de ces horribles sacrilèges auxquels les hommes des guerres de religion se complurent. Ce qui sauva sûrement Imogène McCarthery, c'est que le sergent McClostaugh n'avait pas fini de remonter son pistolet lorsqu'elle entra dans la cuisine, pétulante.

— Bonjour, Sam, ça va? Archie, je suis bien heureuse de vous rencontrer. Il y a un moment que je vous cherche!

La légende rapporte que les voyageurs des temps fabuleux qui s'en allaient se promener au bout du monde avaient bien des chances de rencontrer une des dames Gorgone et quand la guigne voulait qu'ils se trouvassent en présence de Méduse — la plus terrible d'entre elles — ils se figeaient sur place, incapables du plus léger mouvement pour échapper au sort les attendant. Mais, pour si profond qu'ait pu être cet état d'hébétude rapporté par la fable, il ne pouvait en rien être plus total que celui où l'apparition d'Imogène plongea le sergent McClostaugh. Miss McCarthery, inconsciente du drame se jouant sous ses yeux, proclama:

— Archie, je me suis conduite sottement cette nuit, mais, à moitié étranglée, je ne vous ai pas reconnu... On m'a appris depuis que je vous devais la vie... Dorénavant, vous êtes mon frère... Je vous intègre au clan des McGregor!

Et pour confirmer cette espèce d'annoblissement, Imogène se pencha sur le sergent et l'embrassa gentiment sur les deux joues, puis, mutine, remarqua:

— Votre barbe pique affreusement, Archie... On a l'impression d'embrasser un ourson!

Cette allusion directe à sa barbe si cruellement endommagée par la même Imogène parut rendre sa conscience au sergent. Il se dressa d'un jet, repoussa Miss McCarthery avec brutalité et hurla d'une voix hystérique:

— Elle m'a embrassé!... Imogène McCarthery m'a embrassé!

Il se mit à courir tout autour de la cuisine, pareil à un mouton atteint du tournis, sauta une chaise, une deuxième et, ouvrant la porte, fonça droit devant lui jusque dans le parc où il causa une peur terrible à un groupe de jeunes filles qui répétaient une gigue lorsqu'au beau milieu de leurs ébats, elles virent surgir ce grand diable barbu — lançant des imprécations qu'on n'est pas habitué à entendre dans les maisons d'éducation — avant de disparaître au galop vers les profondeurs du parc.

Dans la cuisine, Imogène avait de la peine à en croire ses yeux. Incrédule, elle demanda à Tyler:

— Sam, franchement, c'est mon baiser qui a déclenché cet effet-là?

Le constable montra le pistolet resté en morceaux sur la table:

— Vous venez d'échapper à la mort, Miss...

— Quoi? Vous voulez dire qu'Archie?... Mais pourquoi? Qu'est-ce que je lui ai fait?

Miss McCarthery ne comprenait pas très bien pour quelles raisons tant de gens envisageaient avec optimisme de la supprimer alors qu'elle ne réclamait que la justice? McClostaugh, le directeur de Pemberton, sans compter le meurtrier rôdant dans ledit collège. Il n'était pas dans les méthodes de l'Ecossaise d'attendre qu'on vienne lui couper le cou et sachant, depuis longtemps, que l'attaque est la meilleure des défenses, elle décida d'aller visiter Maureen McFadden et de lui déclarer — si l'occasion s'en présentait — qu'elle la tenait pour la meurtrière des deux professeurs et qu'elle lui conseillait vivement de se rendre elle-même si elle ne tenait pas à se voir traiter de façon ignominieuse. Imogène se répétait ce discours frémissant lorsqu'elle frappa à la porte du professeur de français.

Assise dans une bergère dont les oreillettes dissimulaient son profil à ceux qui entraient, Maureen lisait. Elle se pencha et, reconnaissant Imogène, lui sourit. L'héroïne de Callander la jugea plus sympathique encore que de coutume, mais il lui fallait s'armer contre ce genre de faiblesse.

— Miss McFadden, ne m'en veuillez pas de troubler votre quiétude...

— Je suis heureuse de vous recevoir dans mon petit chez-moi, Miss McCarthery. Voulez-vous vous asseoir?

Imogène attira une sorte de pouf et y prit place, face à son hôtesse.

— Que puis-je pour vous, Miss McCarthery?

— Rien... Ce serait plutôt moi qui serais susceptible de vous donner une occasion de finir en beauté...

— Pardon?

— Miss McFadden, en dépit de tout, vous me plaisez et... et, ma foi, je ne vous en veux pas pour cette nuit.

— Je crains de ne pas très bien comprendre?

— N'essayez pas de ruser, je vous en prie, ce serait inutile... Owen Rees vous aime, n'est-ce pas? Vous êtes bien d'accord sur ce point?

— Non.

Son élan coupé, Imogène dérapa et perdit, d'un coup, son assurance.

— Pourtant, tout le monde... à vous voir, pense...

— On se trompe, Miss McCarthery... C'est moi qui aime Owen Rees... Quant à lui, je veux espérer qu'il a un peu plus que de la sympathie à mon endroit mais je n'en suis pas certaine... Cet aveu me coûte, croyez-le bien, et si je vous le fais, c'est que j'ai le sentiment de vous voir partir sur une mauvaise route. Est-ce que je me trompe?

— Non.

— Owen goûte ma compagnie... Nos inclinations spirituelles, intellectuelles coïncident... mais je ne crois pas que l'amour, ce soit cela, n'est-ce pas? Bien sûr, j'ai passé l'âge des aventures romanesques mais, enfin, il ne me déplairait pas d'entendre un jour l'homme que j'aime me dire qu'il m'aime et qu'il me souhaiterait pour compagne... Si cela peut vous intéresser, Miss McCarthery, sachez que ce moment n'est pas encore venu en ce qui concerne Owen et moi.

— Pourquoi?

Maureen haussa doucement les épaules.

— Owen est un homme secret... Je sais qu'il a été marié autrefois... et mal marié. Il a beaucoup souffert et c'est pourquoi il est venu se réfugier en Ecosse bien que Gallois... Peut-être a-t-il peur d'une nouvelle expérience matrimoniale? Peut-être aussi ne m'aime-t-il pas?

Imogène n'était pas des plus subtiles, mais elle devina que cette femme distinguée, discrète, avait du chagrin. Spontanément, elle lui prit la main.

— Miss McFadden, je suis bien contente de ce que vous m'apprenez!

— Vous êtes heureuse de savoir que je ne suis pas aimée comme vous vous l'imaginiez?

— Oui. Laissez-moi vous expliquer...

Miss McCarthery raconta à Maureen comment elle avait surpris Owen Rees sortant de sa chambre, ce qu'elle pensait qu'il avait pu y faire, négligeant, malheureusement, la bouteille de whisky (et là, Imogène rougit un peu car elle avouait implicitement une faiblesse) et le raisonnement qu'elle avait bâti. Miss McFadden l'écouta sans mot dire et quand elle eut terminé:

— Ainsi, vous pensiez que j'étais la criminelle que vous recherchiez et qu'Owen, au courant de mes distractions mortelles, s'acharnait — par amour pour moi — à déjouer mes mauvais desseins?

200

— Comment saurait-il autrement qu'on voulait m'empoisonner?

— Vous avez sans doute raison... mais il ne s'agit pas de moi... dans un sens, je le regrette presque parce que j'aurais souhaité être la bénéficiaire de cette preuve de tendresse...

— Excusez-moi, Miss McFadden... faut-il croire que Mr. Rees aime une autre femme que vous?

— Non... Si cela était, je l'aurais deviné depuis longtemps et cette femme aurait, de son côté, pris certainement ombrage de notre intimité — cette intimité qui vous a trompée, Miss McCarthery — à Owen et à moi. Non, il n'y a pas d'autre femme...

— Alors?

— Alors, Owen protège un homme, si nous acceptons votre interprétation des faits.

— Un homme?

— Owen a le culte de l'amitié... Par exemple, c'est lui qui a appelé Gordon Baxter ici... Il paraît qu'autrefois, Baxter lui a sauvé la vie... Il ne l'a jamais oublié et quand Gordon s'est trouvé dans une situation difficile — il était installé au Ghana — il lui a offert ce poste que Mr. McDougall a créé un peu pour rendre service à Owen en qui il voit son successeur.

— Gordon Baxter serait-il homme à tuer?

— J'ignore pratiquement tout de lui. C'est un renfermé qui ne paraît se soucier que de cricket, de course à pied et de gymnastique. Pourquoi s'en serait-il pris à ce charmant Fullerton? Il est vrai que, pour chacun d'entre nous, le motif manque et je puis vous assurer que Fullerton s'entendait parfaitement avec tout le monde. Je me demande, en définitive, Miss McCarthery, si vous ne faites pas fausse route en décrétant que le meurtrier est parmi nous?

— Non, Miss McFadden... Je ne me trompe pas. L'assassin de Fullerton et de O'Flynn est l'un de nous.

— J'admire votre certitude. Puis-je vous demander sur quoi elle repose?

— Sur les raisons qui ont amené le meurtre de Fullerton, raisons que Fullerton m'a confiées sans se douter qu'il serait la victime.

— Ce qui m'épouvante, c'est que nous ne sommes pas si nombreux... et il me semble qu'on devrait assez vite parvenir au coupable... Il me paraît difficile de soupçonner McDougall. Il est si soucieux de la bonne tenue de Pemberton que s'il devait tuer quelqu'un, il s'arrangerait pour que cela se passe en dehors de son cher collège. Il avait peut-être des raisons d'en vouloir à O'Flynn, mais je crois que, pour lui, la réputation de Pemberton a plus d'importance que la fidélité de sa femme. De plus, il appréciait beaucoup Norman Fullerton...

— Eliminons donc Keith McDougall et, avec lui, j'éliminerais son épouse qui m'a paru trop stupide pour avoir jamais une idée originale... et puis, elle aimait O'Flynn.

— Dermot Stewart n'est pas un sot quand on peut l'entretenir en particulier. C'est un garçon riche qui n'occupe ce poste que très provisoirement. Ses parents sont les Stewart de Liverpool qui comptent parmi les armateurs les plus puissants. Si Dermot est là, c'est qu'il s'est querellé avec eux en sortant d'Oxford, mais il est leur fils unique... et Flora sera exactement le genre de belle-fille qui conviendra aux Stewart: jolie, élégante et pas très intelligente. Elle porte bien la toilette et sera à son aise à l'heure du thé. Que demander de plus?

202

— Vous écartez donc Flora Pritchel et Dermot Stewart?

— Ne vous êtes-vous pas rendu compte que le monde n'existe plus pour eux? Ils s'aiment. Du moins, lui, l'aime-t-il à la passion. Flora me paraît un peu trop limitée intellectuellement pour prendre tout à fait conscience de cette passion et y répondre. Elle se contente de rire pour cacher sa gêne. Jugez-vous que ces jeunes gens ou que l'un des deux soient dans un état d'esprit inclinant au meurtre?

— La jalousie?

— Elle ne pouvait avoir touché que Stewart car ni Elspeth Whitelaw, ni moi-même ne représentons un danger pour Flora. O'Flynn tenait Miss Pritchel pour une sotte et ne s'intéressait en aucune façon à elle. Quant à Fullerton, il m'étonnerait qu'il ait songé à notre Flora autrement que pour en rire. Non, Miss McCarthery, pas d'espoir de trouver le coupable de ce côté-là...

— Soit, écartons-les... Le champ des coupables possibles se rétrécit.

— Il va même se rétrécir encore car je vous propose de négliger Elspeth Whitelaw que rien n'intéresse en dehors de ses alambics et de ses cornues.

— Il reste donc Owen Ress, Gordon Baxter et... vous.

— Evidemment, si j'étais coupable, je vous affirmerais mon innocence. Mais, en vérité, je me creuse l'esprit pour essayer de deviner quel motif aurait pu me pousser au crime? Fullerton était un excellent collègue. Nous sympathisions beaucoup et, souvent, il est venu prendre le thé avec Owen chez moi. J'appréciais la finesse de son esprit. Il ne se mariait pas car, comme le célèbre « Mr. Chips », il avait voué son

existence à l'enseignement. Il chérissait l'atmosphère
« collège ». Un chic garçon. Quant à O'Flynn, un
rustre avec lequel je m'efforçais d'avoir peu de con-
tacts, mais je vous jure que je ne le détestais pas
au point de le tuer!

— Il ne reste donc plus qu'Owen Rees et Gordon
Baxter.

— Je crois bien connaître Owen... Je ne vois pas
pourquoi il aurait commis ces meurtres, à moins de
supposer qu'il soit fou et change parfois de personnalité, comme le docteur Jekyll et Mr. Hyde? Mais
il me semble que je m'en serais aperçue... Voilà
trois ans que nous vivons côte à côte.

— Et Baxter?

— Un étrange garçon... Il ne parle pratiquement
à personne. Non qu'il soit grossier comme l'était
O'Flynn, mais il paraît ne pas se rendre compte de
notre présence. Il ne vit que sur les terrains de sport
ou au gymnase. J'ai le sentiment, Miss McCarthery,
que cet homme a peur de l'immobilité.

— Je ne saisis pas très bien ce que...

— Agir l'empêche de penser. Le mouvement le
délivre d'une obsession dont j'ignore la nature et sur
laquelle je n'ai jamais osé interroger Owen.

— En résumé, vous pensez que Baxter serait le
plus douteux?

— Tout en soulignant que je ne comprends pas
pour quelles raisons il s'en serait pris à Fullerton.
Je ne parle pas d'O'Flynn puisque son meurtre paraît
avoir été accidentel.

En quittant Maureen, Imogène était bien décidée
à surveiller de très près le nommé Gordon Baxter
et ce d'autant plus — chose qu'elle n'avait point

voulu souligner à Miss McFadden pour ne pas orienter son raisonnement — que le sergent McClostaugh précisait que l'agresseur de Miss McCarthery lui avait échappé grâce à sa robustesse et à sa souplesse, deux qualités devant caractériser un professeur de culture physique. Eprouvant le besoin de réfléchir pour s'assurer le silence nécessaire, Imogène gagna le petit banc au fond du parc. Marchant sur les pelouses, son avance n'éveillait aucun écho et ainsi elle put surprendre le murmure d'une conversation chuchotée venant justement du banc où elle se proposait de s'installer. Dépitée, croyant encore qu'il s'agissait d'Alison Kyle et de Gerry Lymb incorrigibles, elle s'apprêtait à les secouer une nouvelle fois et d'importance lorsqu'elle s'avisa qu'à cette heure-ci, les jeunes gens devaient suivre des cours où leur absence eût tout de suite été signalée. Rendue méfiante par sa dernière aventure nocturne, elle se glissa à pas feutrés en direction du banc, le contournant et quand, masquée par une haie de buis, elle risqua un œil curieux, elle faillit jurer en reconnaissant Flora Pritchel et Dermot Stewart, épaule contre épaule et les mains enlacées. Ne pouvaient-ils aller roucouler ailleurs, ces deux-là? Dans l'espoir qu'ils partiraient très vite, Imogène s'assit à même le sol sans songer un instant qu'elle faisait preuve d'une indiscrétion éhontée. Au début, elle ne prêta pas tellement attention à ce que racontait Dermot Stewart car elle n'avait jamais été très portée sur ce genre de littérature un peu trop fade à son goût. Elle préférait Walter Scott. Et puis, peut-être, bercée par la musique de la voix si douce de Stewart, elle écouta attentivement le discours du garçon.

— Je suis si heureux d'être près de vous, Flora...

— Il ne faut pas...

— Que je sois heureux?

— Que vous m'appeliez par mon prénom... C'est trop familier...

— Excusez-moi, mais c'est ainsi que je m'adresse à vous quand vous n'êtes pas là!

Miss Pritchel eut un de ces petits rires stupides dont elle semblait avoir le secret.

— Vous me parlez quand je suis absente?

— Surtout lorsque vous êtes absente parce qu'alors j'ose vous dire tout ce que j'ai dans le cœur!

— Mais... pourquoi?

— Parce que je vous aime!

— Oh! Mr. Stewart... vous ne devez pas...

— Je ne dois pas vous aimer?

— Non... mais me le dire...

— Si je ne vous le dis pas, Flora, comment le saurez-vous?

— Taisez-vous... J'ai honte!

— Il n'y a vraiment pas de quoi, Flora! Je suis un honnête garçon! Je vous aime! Il faut que vous le sachiez, que vous vous en persuadiez! Je vous aime à en mourir! Je ne fais que penser à vous!

— Tout le temps?

— Tout le temps!

Encore un petit rire idiot qui mettait les nerfs d'Imogène en boule. Elle ne comprenait pas comment ce beau garçon de Dermot Stewart pouvait s'intéresser à une oie de ce calibre!

— Pas pendant vos cours, tout de même?

— Au contraire! Tenez, quand je parle de Messaline, du Lucrèce Borgia, d'Anne Boleyn ou de la Pompadour, c'est de vous que je parle et je sais être tour à tour Claude, Alexandre VI, Henri VIII ou

Loûis XV pour trouver les mots nécessaires, passionnés, afin d'exprimer les charmes de ces favorites disparues et que ces puissants du monde aimaient comme je vous aime, Flora, avec le respect en moins, cependant!

Extasiée, Miss Pritchel joignit les mains:

— Etre aimée par quatre souverains!

— Et quand, dans les leçons de géographie, je pars à l'aventure sur le globe terrestre, c'est encore votre adorable visage qui se lève pour moi sur l'horizon des régions lointaines où coule le fleuve Amour!

Il parut à Imogène que Miss Flora Pritchel parvenait au bout de sa résistance. Elle l'entendit soupirer:

— Dermot...

— Flora! Refusez-vous encore une tendresse mettant à vos pieds et l'Histoire et la Terre?

— Non...

— Flora!

— Dermot!

— M'aimez-vous, ma chérie?

— Je... je crois que oui.

— Alors... vous voulez bien devenir ma femme?

— Que dira Mr. McDougall?

— Et en quoi cela le regarde-t-il?

— Il ne veut que des célibataires.

— Vous ne pensez tout de même pas que Mrs. Stewart restera dans ce petit collège quand mes parents vous attendent à Liverpool dans leur hôtel particulier?

— M'aimeront-ils, Dermot?

— J'en suis sûr, Flora, car il est impossible de ne pas vous aimer! Flora... Voulez-vous m'embrasser?

— Oh! Dermot!...

Imogène vit le moment où cette ravissante gourde allait recommencer ses singeries. Exaspérée, elle se dressa en criant:

— Mais embrassez-le donc puisqu'il vous le demande!

Devant la brusque apparition de Miss McCarthery — apparition qui faisait songer au diable surgi de sa boîte — les amoureux poussèrent un double cri de surprise. Furieux, Dermot protesta:

— Vous nous écoutiez?

— Si vous ne voulez pas qu'on vous entende, enfermez-vous dans une chambre!

Miss Pritchel, suffoquée par cette hypothèse, gémit:

— Oh! Miss McCarthery, vous me méprisez à ce point?

— Mais, enfin, êtes-vous stupide ou le faites-vous exprès?

En larmes, Flora se désespérait:

— Je savais bien que je n'aurais pas dû vous écouter, Dermot... C'était très mal de ma part... Miss McCarthery va penser que je suis une mauvaise femme... Oh! Dermot, pourquoi vous ai-je accompagné jusqu'ici?

Hors de lui, Stewart s'en prit à Imogène:

— Voilà à quoi vous êtes arrivée! Vous lui avez flanqué des complexes de culpabilité!

— Flanquez-lui donc une gifle, vous, et ça la guérira!

— Oh! battre Flora?... mais... vous êtes donc un monstre?

Prenant la main de sa bien-aimée, Stewart l'entraîna au pas de course comme si elle se trouvait en danger. Alors, Miss McCarthery put enfin prendre possession du banc mais, contrairement à ce qu'elle se proposait, elle ne pouvait y concentrer son attention sur le problème du meurtrier à découvrir. En dépit de ses efforts, la musique des mots adressés par Dermot Stewart à Flora Pritchel chantait encore dans sa mémoire, l'emplissant d'une langueur inhabituelle. Elle songeait à Douglas Skinner qui avait voulu l'épouser mais dont la mort avait stoppé les rêves matrimoniaux [1]. Elle pensait au petit cousin de Mrs. Elroy venu lui demander sa main et qui s'était enfui, horrifié par les discours qu'elle lui avait sottement tenus [2]. Elle rêvait à tous les hommes qui lui avaient fait la cour pour endormir sa méfiance... Maintenant, personne ne lui parlerait plus jamais d'amour. Elle se savait condamnée à vieillir seule dans Callander. A cette perspective inéluctable, la maigre poitrine de Miss McCarthery se gonflait de soupirs inemployés.

Imogène en était arrivée à l'un de ces moments de l'existence où la solitude vous apparaît comme le pire des maux, à l'un de ces instants où, pour ne pas rester seul, on accepterait n'importe quelle compagnie et c'est pourquoi, lorsqu'en levant les yeux, elle aperçut Archibald McClostaugh qui, calmé, regagnait tranquillement le collège, elle l'appela presque tendrement:

— Archie?

Le sergent sursauta, tel le pêcheur attrapé par l'Ange exterminateur qui, avant de le frapper de son épée flamboyante, lui tape sur l'épaule et le nomme.

— Venez ici, Archie, j'ai à vous parler.

McClostaugh éprouvait une impérieuse envie de

---

[1] *Ne vous fâchez pas, Imogène!* (même auteur, même éditeur).
[2] *Le retour d'Imogène* (même auteur, même éditeur).

fuir, mais l'Écossaise le fascinait, le subjuguait et, l'œil fixe, il se rendit à la sommation et s'assit à côté d'elle.

— Archie, vous ne devez pas m'en vouloir... pour cette nuit... Mettez-vous à ma place... Je me trouvais presque dans le coma... J'ouvre un œil et je vous vois sur moi! Alors, spontanément, je vous ai empoigné par la barbe pour me défendre...

Au rappel de cet épisode douloureux, le sergent poussa un sourd gémissement. Maternelle, Miss Mc-Carthery se pencha sur son épaule:

— Archie, si vous le vouliez, nous pourrions être amis. Nous ne sommes plus, ni vous ni moi, de la première jeunesse, mais justement, nous voici à l'âge où l'amitié prend toute sa signification et s'affirme plus solide, plus pure que l'amour... Archibald Mc-Clostaugh, voulez-vous être mon ami?

Le sergent eut du mal à suivre cet étonnant monologue où il crut comprendre qu'Imogène, oubliant toute pudeur, se permettait de suggérer que le mariage serait une fin honorable pour tous les deux. En bon Écossais, il se persuada qu'elle lorgnait la retraite que lui, McClostaugh, allait bientôt toucher et qu'elle ambitionnait d'y mettre la main dessus. Il se montra vulgaire:

— Elle vous intéresse ma retraite, hein?

Imogène nageait si totalement dans le bleu tendre de la mélancolie qu'elle ne comprit pas tout de suite ce qu'insinuait son interlocuteur. Il fallut que Mc-Clostaugh insistât pour qu'elle réalise vraiment l'ignominie de ce qu'il lui débitait.

— Archie... n'avez-vous pas honte?

— C'est vous qui devriez avoir honte de vous jeter de cette façon à la tête d'un homme? Et si vous voulez mon avis, Miss McCarthery, vous manquez de tenue!

— McClostaugh, Dieu m'est témoin que j'aurais tout tenté pour dissiper des malentendus que vous vous acharnez à aggraver! Maintenant, gardez-vous!

Alors, le sergent vit rouge. Pensant à tout ce qu'il avait enduré, prévoyant tout ce que cette maudite femme pourrait encore lui infliger, il perdit la tête et se jeta sur elle. L'empoignant aux épaules, il se mit à la secouer comme un arbre dont on voudrait faire tomber les fruits. Outrée, Imogène ne trouvait rien à dire. Elle s'apprêtait à réagir violemment contre cette attaque portée par un représentant de la police de Sa Majesté une citoyenne du Royaume-Uni lorsqu'on demanda:

— Eh bien! sergent! Qu'est-ce qui vous arrive? Quelles sont ces manières? Dois-je croire que vous vous permettez de molester un témoin?

A la tête que McClostaugh offrit aux regards de Miss McCarthery et du superintendent qui arrivait inopinément, on eût pu croire qu'il avait été frappé par la foudre. Il ouvrait et fermait spasmodiquement la bouche sans qu'aucun son n'en sortît. Andrew Copland observa, intrigué:

— Enfin, McClostaugh, que signifie cette gymnastique? Je vous ordonne de répondre!

Mais Archibald, congestionné par la honte et l'angoisse, ne parvenait pas à articuler autre chose que des bribes de grognements du plus irrespectueux effet. Le superintendent allait se fâcher pour de bon lorsque l'Ecossaise — trouvant là l'occasion de remporter une victoire définitive sur son vieil adversaire — intervint:

— Excusez-le, superintendent... Archie est très

ému... C'est une grande date pour lui aujourd'hui...

— Vraiment?

Le sergent se tourna vers son ennemie intime, se demandant ce qu'elle inventerait encore?

— Lorsque vous nous avez surpris, superintendent, Archie me suppliait — un peu vivement peut-être — de lui accorder ma main... Je suis heureuse que vous soyez là pour m'entendre lui dire que j'accepte.

— Oh! Miss McCarthery, permettez-moi de vous féliciter en attendant de vous appeler Mrs. McClostaugh.

Andrew Copland serra longuement la main d'Imogène. Il prit ensuite celle d'un McClostaugh sans réaction et lui écrasa les phalanges:

— Je suis très heureux pour vous, mon garçon! Je suis sûr que la future Imogène McClostaugh sera la meilleure des épouses.

Archibald donna l'impression de comprendre seulement alors ce qu'on lui exposait. Il sauta sur place à la surprise des témoins de la scène en criant:

— Imogène McClostaugh!... Imogène MAC... CLOS...TAUGH! Ah! Ah! Ah!

Un rire de dément secoua le sergent et le superintendent commença à manifester une certaine inquiétude. Plus tard, il affirma que bien qu'ayant pratiqué la chasse aux grands fauves dans le Tanganika durant sept saisons, jamais il ne lui avait été donné d'entendre un hurlement — qui en éclat et en férocité pût être comparé, même de loin, au barrissement de l'éléphant en furie, au mugissement du buffle ou au rugissement du lion se ruant à l'attaque — comme celui que poussa le sergent McClostaugh de la police de Sa Majesté avant de partir, coudes au corps, dans un galop aveugle. Sidéré par cette attitude ne cadrant pas avec le règlement, le superintendent se congestionna sous l'influence d'une pression interne où se conjuguaient les relents de l'effroi éprouvé devant le comportement étrange et nettement irespectueux d'un de ses subordonnés, la montée d'une colère hiérarchique et l'indignation d'un gentleman n'admettant pas d'aussi grossiers manquements à la correction. Heureusement Imogène, satisfaite de la déroute de son éternel rival, s'efforça d'arranger les affaires de ce dernier auprès de son chef.

— Archie est un peu surmené ces temps-ci... Il faut le comprendre.

Malgré sa bonne volonté, le superintendent Andrew Copland ne comprenait pas. Elles ne comprenaient pas davantage, les demoiselles dont McClostaugh avait interrompu les ébats tandis qu'elles répétaient un gigue, et qui, de nouveau assemblées pour étudier un pas plus compliqué, virent une fois encore leur troupe traversée par cet étonnant policier. Depuis cet incident, plusieurs de ces jeunes filles de bonnes maisons — et qui n'avaient jamais eu affaire à la police — en gardèrent une crainte irraisonnée, persuadées qu'elle était composée de gens aux mœurs hors du commun.

Abandonnée par le superintendent parti à la recherche du sergent et du constable, Imogène put reprendre sa rêverie sur le banc où elle trouvait, enfin, la solitude. Elle éprouvait une certaine gêne du mauvais tour joué à McClostaugh, mais elle se consolait en s'affirmant qu'il avait depuis longtemps besoin d'une nouvelle leçon et que, dorénavant, il cesserait peut-être de l'asticoter dès qu'il se passait quelque chose d'anormal. Elle se promettait, en outre de lui montrer comment on exerçait son métier de policier quand on se prétendait intelligent, ce qu'il n'était assurément pas. Imogène dénoncerait publiquement le meurtrier de Norman Fullerton et d'O'Flynn; elle livrerait au bras séculier celui qui avait voulu la tuer et McClostaugh en serait pour sa honte. Pour Miss McCarthery, le problème s'était beaucoup simplifié. Elspeth Whitelaw, Dermot Stewart, Flora Pritchel, Maureen McFadden, les deux McDougall éliminés, le choix n'était plus qu'entre Owen Rees et Gordon Baxter. Certes, l'explication fournie par Maureen pouvait être valable mais Imogène l'admettait difficilement et pour aussi pénible que cela lui fût, elle inclinait à découvrir dans les initiatives bizarres de Rees l'aveu d'une complicité plutôt que d'un dévouement dépassant les limites permises.

Miss McCarthery en était là de ses réflexions lorsqu'elle vit passer Gordon Baxter en survêtement et qui trottait en prenant soin de respirer profondément. On comprenait que ce garçon se voulait attentif au seul jeu des muscles sur son propre corps et que, pour lui, les difficultés du monde devaient être résolues par un grimper de corde, une course à travers la campagne ou un round de boxe. Pas compliqué pour un penny, Gordon Baxter! A moins qu'il ne feignit une simplicité qui servirait de masque à une duplicité criminelle? Il n'était pas question pour l'Ecossaise de suivre le professeur de culture physique et elle demeura sur son banc, continuant à se poser des questions auxquelles elle enrageait de ne pouvoir donner une réponse immédiate. Par contre, elle courut se cacher derrière une haie de buis lorsqu'elle distingua la silhouette de Rees au bout de l'allée menant vers elle. Le Gallois semblait préoccupé. Tous les deux ou trois pas, il jetait des regards furtifs autour de lui, comme s'il redoutait d'être épié et, le cœur battant, Miss McCarthery devina qu'elle approchait de la solution. Elle eut une pensée de regret pour Maureen McFadden qui allait devoir revenir de ses illusions concernant l'homme qu'elle aimait, et s'élança le plus discrètement possible sur les traces d'Owen Rees.

Tout de suite, elle comprit que le professeur d'anglais se dirigeait vers les anciennes écuries qui, abandonnées, servaient de resserre. Le plaisir ancien de la chasse surexcitait l'Ecossaise qui, l'œil fixé sur le dos du Gallois, la narine frémissante, retrouvait le climat enfiévré de ses aventures précédentes. Pour Imogène, Owen Rees filait rejoindre Gordon Baxter qu'elle imaginait déjà en maître-chanteur obligeant Rees à participer à ses meurtres. Tout entière la proie de ses suppositions dramatiques, le regard rivé à la silhouette de Rees, elle n'entendit pas qu'on s'approchait d'elle par-derrière. Quand elle en eut la subite révélation par le craquement d'une branche, c'était déjà trop tard. Elle n'eut pas le temps de se retourner avant de recevoir sur la tête le coup que son chignon amortit, mais qui suffit à lui faire perdre connaissance. Avant de tomber, elle pensa que Gordon Baxter, après un détour, l'avait attaquée par-derrière. Elle sombra dans le néant au moment où des doigts s'agrippaient à son cou.

En écoutant la troupe piaillante des jeunes filles commenter ardemment la curieuse manie du sergent

McClostaugh qui s'acharnait à les interrompre dans leurs évolutions, le constable Tyler éprouva une inquiétude des plus vives et ce d'autant plus qu'il ne parvenait pas à joindre son supérieur ainsi, d'ailleurs, qu'Imogène McCarthery. Il redoutait qu'ils fussent aux prises quelque part. Il partit aussi vite que le lui permettait une dignité qu'il s'efforçait toujours de sauvegarder et, dans l'angle du parc opposé à celui où Miss McCarthery se jetait à la poursuite d'Owen Rees, il finit par découvrir Archibald McClostaugh occupé à nouer une corde, déjà solidement fixée à une maîtresse branche.

— Chef!

Le sergent regarda son subordonné avec ce regard déjà détaché des contingences terrestres et qui est celui des gens ayant décidé de mourir.

— Allez-vous en, Tyler...

— Pas avant de connaître vos intentions?

— Ça ne se voit pas, non?

Horrifié, le constable balbutia:

— Ainsi vous allez réellement vous... vous pendre, chef?

— Parfaitement!

— Mais... pourquoi?

Archibald eut un long gémissement qui surprenait chez ce barbu à l'air plutôt farouche. Il fit deux pas et, vaincu, s'abattit sur l'épaule de Samuel.

— Sam, je n'en peux plus... Cette McCarthery a dit au superintendent que je lui avais demandé sa main et qu'elle acceptait! Vous entendez, Sam? qu'elle acceptait! Et le superintendent m'a félicité! Il a parlé d'Imogène McClostaugh!... Sam! Imogène McClostaugh! J'aime mieux mourir!

— Chef...

216

— Taisez-vous, Tyler! Eloignez-vous! C'est un ordre et laissez-moi en finir avec une existence que cette Ecossaise a transformé en enfer!

— Vous êtes bien décidé, chef?

— Bien décidé!

— Rien ne vous fera changer d'avis?

— Rien! Je ne retournerai à Callander que mort!

— Dans ces conditions...

Le constable rectifia la position et en un garde-à-vous impeccable annonça:

— A vos ordres!

Et sous l'œil un peu surpris de McClostaugh, Samuel Tyler amorça le premier temps d'un demi-tour par principe, mais, en réalité, ce n'était que pour se donner de l'élan et son poing droit, partant à toute vitesse, frappa Archibald à la pointe du menton. Le sergent tomba, foudroyé, et le constable le chargea sur ses épaules. Au même moment, à cent mètres de là, Imogène s'écroulait.

Quand McClostaugh reprit conscience, son regard se heurta à Imogène McCarthery, mais une Imogène couchée sur un lit, à ses côtés. Il ne comprit pas et puis il se rendit compte qu'il était lui-même couché. Alors, il se crut marié. La panique l'empoigna et il hurla:

— Tyler!

Le constable entra.

— Tyler... qu'est-ce qu'elle fait là? Et d'abord, où sommes-nous?

— A l'infirmerie du collège. Miss McCarthery a été agressée. Un coup violent sur la tête.

— Est-ce qu'elle va mourir?

Sam décela une note d'espoir dans la question de son chef. Il en fut fâché.

— Oh! non... à peine commotionnée... comme vous... et c'est pourquoi on vous a mis au calme tous les deux.

— Je vois... Mais dites-moi, Tyler, par qui et comment ai-je été assommé, moi?

Le constable respira profondément, prévoyant qu'il allait devoir vivre des moments difficiles. Il était sur le point d'entamer l'aveu de son geste qui, en bousculant les règles hiérarchiques, avait sauvé la vie de son chef lorsque Imogène McCarthery, revenant à elle et distinguant vaguement les uniformes des deux hommes, soupira:

— Hello, Archie?

Il se leva, ils s'approchèrent tous deux du lit. Elle leur sourit.

— Je ne suis donc pas morte?

— Hélas!

Et, tournant sur ses talons, McClostaugh sortit de la pièce. Imogène n'en marqua aucune humeur, se contentant de remarquer:

— Ce pauvre Archie n'aura jamais le sens de l'humour, Sam. Vous êtes au courant du dernier tour que je lui ai joué?

— Ce n'est pas bien, Miss Imogène... Je vous assure que vous le rendrez fou! Tout à l'heure, il voulait se suicider et j'ai dû le frapper pour l'empêcher de se pendre! Non, en vérité, Miss, vous n'agissez pas correctement avec le sergent McClostaugh!

— Allons, ne pleurez pas, Sam, je vous promets de le laisser tranquille si, de son côté, il me fiche la paix. Et maintenant, Samuel, comment se fait-il que je ne sois pas morte? La dernière impression que j'aie ressentie est celle de doigts se nouant autour de mon cou.

— J'ignore ce qui est arrivé exactement, Miss. Le grand professeur d'anglais, vous savez, le Gallois, il vous a ramenée dans ses bras en racontant qu'il vous avait trouvée du côté des vieilles écuries.

Evidemment, Owen Rees n'allait pas trahir son ami Baxter surpris en train d'étrangler Imogène! Mais c'était bien inutile, Imogène savait et, de plus en plus, elle pensait qu'Owen Rees se révélerait un complice par obligation du professeur de gymnastique. L'idée qu'elle démasquerait ce dernier d'ici peu lui redonna une force nouvelle.

— Sam... vous iriez me chercher un whisky... je sens que cela me remettrait d'aplomb.

— Mais, Miss Imogène, nous sommes dans un collège, ici, pas dans un bar!

— Bah! Je suis certaine qu'il y a du whisky dans cette maison écossaise. A vous de le trouver pendant que moi, je cherche l'assassin! Vous ne voudriez pas me laisser tout faire, Samuel?

A l'heure du lunch, on fêta Imogène (ragaillardie par une belle rasade de whisky que Samuel Tyler avait naturellement fini par dénicher) qui, par deux fois, venait d'échapper à la mort. Le superintendent Andrew Copland, après avoir vainement tenté d'obtenir des renseignements de Miss McCarthery sur son agresseur, s'était entendu finalement répondre qu'on se débrouillerait sans lui, ce dont Andrew avait été extrêmement mortifié. Il se vengea de cette humiliation en ne cachant rien de sa façon de penser à McClostaugh, quant à sa méthode de travail dont il affirmait avoir eu quelques navrants échantillons.

Cette algarade fut une raison supplémentaire pour que des lueurs meurtrières dansassent dans le regard d'Archibald lorsqu'il lui arrivait de poser les yeux sur l'Ecossaise abhorrée. Les McDougall ne parurent point au repas et le bruit courait que depuis que le superintendent avait annoncé sa résolution de retirer son unique rejeton de Pemberton, Keith s'était alité, surveillé par son épouse qui ne cessait de lui prendre sa température. En bref, le ciel se révélait chargé d'orage au-dessus du collège. Andrew Copland regagna Perth, non sans jurer que si McClostaugh ne lui téléphonait pas le soir même l'arrestation du meurtrier par ses soins, il le renverrait à la circulation après l'avoir dégradé et il ferait appel à Scotland Yard, pour le plus grand déshonneur de la police écossaise, déshonneur qui serait uniquement dû à l'incapacité scandaleuse du sergent Archibald McClostaugh!

Le constable Tyler promenait une figure longue d'une aune, sachant que c'est sur lui que tout retomberait fatalement. Les McDougall songeaient à un double suicide qui les verrait disparaître un peu avant la ruine définitive de Pemberton. Pour la première fois de son existence, Elspeth Whitelaw, soucieuse, paraissait s'apercevoir qu'il existait un monde en dehors de son laboratoire. Flora Pritchel — sans très bien en comprendre la signification — sentait le poids de cette atmosphère de suspicion régnant au collège et poussait, à chaque instant, de petits cris effarés qui, s'ils attendrissaient Dermot Stewart, exaspéraient les autres. Gordon Baxter paraissait ne pas se préoccuper outre mesure de ce qui se passait autour de lui et, debout ou assis, ne cessait de faire jouer ses muscles selon des mouvements discrets qu'il

220

avait mis au point. Imogène admirait un sang-froid pouvant tromper tout le monde, sauf elle. Owen Rees, très visiblement, n'était pas dans son assiette. Il jetait de temps à autre, et à la dérobée, des regards furtifs sur Miss McCarthery. Imogène feignait de ne point s'en apercevoir, mais elle savourait l'inquiétude du complice qui — elle en était convaincue — ne tarderait pas à craquer.

De son côté, Maureen McFadden n'avait d'yeux que pour Rees. Elle aussi se rendait compte et sa tendresse s'affolait de ce qu'elle allait apprendre. Seule parmi ces gens qui, tous ou presque, eussent voulu être ailleurs, Imogène McCarthery affichait une sérénité parfaite et témoignait d'un appétit plus que robuste. Tyler qui, de loin en loin, venait jeter un coup d'œil dans la salle à manger en éprouvait une certaine admiration. Quelle femme! Et, apitoyé, il songeait au sergent McClostaugh qui ne possédait, évidemment, aucune chance contre elle dans leurs incessantes bagarres; le pauvre McClostaugh qui, pour l'heure, querellé par celui-ci, réprimandé par celui-là, frappé enfin par cet autre s'était isolé dans un coin du parc pour essayer de comprendre quelque chose, non seulement à ce qui était arrivé à Fullerton, à O'Flynn et à Miss McCarthery, mais encore à lui-même. Il n'y parvenait pas.

Après le lunch, Imogène monta dans sa chambre pour y goûter quelques instants de repos. Le coup reçu sur la tête lui avait donné la migraine. Elle fermait à peine les yeux qu'on gratta à sa porte. Instantanément, elle fut debout. L'assassin faisait-il une nouvelle tentative? Elle prit son revolver et s'approchant de l'entrée chuchota:

— Qui est là?

— Miss McFadden...

Imogène ouvrit et Maureen pénétra dans la pièce. Ses paupières gonflées disaient assez qu'elle avait longuement pleuré.

— Excusez-moi de vous importuner, mais... j'ai pèur...

Miss McCarthery referma soigneusement derrière sa visiteuse, posa son revolver à portée de la main et pria Maureen de s'asseoir.

— Vous avez appris quelque chose?

— Owen Rees sort de chez moi.

— Alors?

— Vous aviez raison, Miss McCarthery... il connaît le coupable. Il m'a dit ne pouvoir le dénoncer, qu'il n'en avait pas le droit... en souvenir du passé...

— Il ne vous l'a pas nommé, mais il a implicitement dénoncé Gordon Baxter!

— C'est aussi mon sentiment.

— Il sait que vous me mettrez au courant?

— Oui. C'est même lui qui m'envoie à vous, en quelque sorte.

— Pour quelles raisons?

— Pour vous dire qu'il viendra vous parler quand on servira le thé et que tout le monde sera réuni dans la salle à manger. Il m'a affirmé qu'il vous exposerait son cas de conscience et que vous comprendriez.

— Quels que soient les scrupules de Mr. Owen Rees, qu'il ne compte pas sur moi pour approuver son action alors que deux morts déjà portent témoignage de sa monstrueuse erreur d'appréciation!

— Il m'a dit encore que cet après-midi, il rencontrerait la personne responsable de ces horreurs et la menacerait de la dénoncer publiquement si elle ne quittait pas le collège aujourd'hui même.

— Ce sera une autre manière de la dénoncer...

— J'ai le sentiment qu'Owen ne serait pas fâché de voir le criminel mis hors d'état de nuire, à condition que ce ne soit pas lui qui le livre à la police. Pour moi, Miss McCarthery, je pourrai difficilement pardonner à Owen cette espèce de soumission à un souvenir. Qu'il doive la vie à Baxter, c'est entendu, mais ce n'est vraiment pas une raison pour qu'il laisse attenter à celle des autres!

Imogène réfléchissait.

— Pardonnez-moi si je vous fais de la peine, Miss McFadden, mais comment expliquez-vous que cette reconnaissance liant Mr. Rees et Mr. Baxter empêche le premier de vous avouer qu'il vous aime, s'il en est effectivement ainsi?

— Je ne sais pas... Peut-être, après tout, parce qu'il ne m'aime pas et que j'ai pris pour réalités les illusions que nous nourrissons toutes à un moment ou à un autre de notre existence?

Prenant leurs précautions et estimant qu'une plainte de leur part atténuerait les effets d'un blâme issu du collège, Gerry et Alison téléphonèrent à leurs pères respectifs pour leur annoncer qu'ils étaient affreusement maltraités. Les réactions de ces messieurs furent très différentes. Mr. Lymb écouta son fils débiter ses malheurs, puis:

— Gerry, cette femme qui vous a poché les yeux parce que vous lui aviez manqué de respect...

— Père, je vous jure!

— Taisez-vous, Gerry, ou je vais me déplacer moi-même à Pemberton pour terminer le travail commencé par cette McCarthery! Cette femme énergique a, d'ailleurs, toute ma sympathie! Gerry, vous savez que je vous tiens pour un parfait incapable. Afin de plaire à votre mère, j'ai toléré que vous perdiez votre temps sur les bancs des collèges jusqu'au moment où je jugerais que la plaisanterie a assez duré. Maintenant, si l'on vous met à la porte, vous serez immédiatement embauché dans mon usine comme débardeur. Cela vous donnera des muscles et vous apprendra à gagner votre pain. Quant à vos histoires de crime, gardez ces sottises pour votre mère assez naïve pour vous croire et ne me dérangez plus, je vous prie. Je travaille, moi!

Fort déprimé, Gerry Lymb regagna sa chambre en pensant que la fabrication du linoléum sur une grande échelle desséchait les cœurs paternels.

Le papa d'Alison tenait sa fille pour la huitième merveille du monde et reportait sur elle, en plus de son affection paternelle, toute son affection conjugale inemployée par suite de l'odieux caractère de Mrs. Kyle que son mari estimait ne pouvoir de nouveau aimer que lorsqu'il irait la saluer au cimetière de Dundee. Aussi lorsque Hamish, Gregor, Alexander Kyle, prince de la marmelade, sut que son enfant chérie, sa perle inestimable, l'honneur de sa race, la consolation de ses vieux jours avait été frappée, son sang entra en ébullition.

— Alison, si c'est un homme, je l'assommerai; si c'est une femme, je la ferai flanquer à la porte; J'arrive!

En se présentant à Pemberton, Hamish, Gregor, Alexander Kyle mena un tapage de tous les diables et exigea de voir immédiatement le directeur. En attendant cet individu à qui il se promettait d'infliger un traitement dont il se souviendrait, il marcha fiévreusement dans le parc et se heurta au sergent McClostaugh. Prêt à tout rencontrer dans un collège sauf un policeman en tenue, Kyle marqua un temps d'arrêt.

— Qu'est-ce que vous fabriquez ici, sergent?

Archibald n'était pas d'humeur à accepter certaine familiarité. Rogue, il rétorqua:

— Et vous?

Hamisg, Gregor, Alexander Kyle, habitué à voir dans Dundee tout le monde — y compris les policiers — le saluer respectueusement, s'emporta devant tant d'insolence.

— Non mais, dites donc, vous ne pourriez pas me parler sur un autre ton?

— Et vous?

— C'est un peu fort! Je vais vous montrer comment je m'appelle, mon garçon!

— Vous allez même me le montrer tout de suite parce que je vous colle une assignation à comparaître pour insulte à un agent dans l'exercice de ses fonctions! Allez, ouste, vos noms, prénoms et qualités?

Kyle ricana. Cet olibrius pâlirait en apprenant à qui il s'attaquait. Détachant bien les syllabes, il déclina son état civil:

— Hamish, Gregor, Alexander Kyle, de la marmelade Kyle, de Dundee. Et alors, mon garçon, qu'est-ce que ça vous dit?

— Rien.

Du coup, Kyle devint la proie d'un vertige très déprimant. Comment ce policeman pouvait-il ne pas connaître la marmelade Kyle mondialement connue?

— Sachez, mon garçon, que je gagne, au bas mot, cinquante mille livres par an pour agrémenter le breakfast de millions d'êtres civilisés, chaque matin!

— Et moi, je ne gagne pas tout à fait soixante-dix livres pour risquer ma peau à défendre des gens comme vous!

Kyle eut un sourire supérieur.

— Je ne pense pas être en danger pour le moment?

— C'est ce qui vous trompe, Mr. Kyle, la mort rôde dans ce collège.

— Qu'est-ce que vous racontez?

— A moins que vous n'estimiez que deux meurtres et deux tentatives d'assassinat, ça ne suffit pas pour parler de danger?

Le roi de la marmelade bégaya:

— I...ici?

— Exactement.

Hamish, Gregor, Alexander vit sa petite Alison la gorge tranchée ou bien avec une douzaine de balles dans le corps et il rugit:

— Où est le directeur de cette infâme boîte?

— Sûrement pas dans le parc!

Mais Kyle n'écoutait plus; à une vitesse qu'il n'avait plus atteinte depuis des années il fonçait vers le bureau directorial.

Réveillé avec de grands ménagements par sa femme, Moira, Keith McDougall s'était voulu particulièrement élégant pour recevoir son plus riche client. Sachant qu'Alison avait téléphoné à son père, il se promettait de présenter les excuses de Pemberton pour le manque de respect dont avait été victime l'unique héritière de la marmelade Kyle. Il s'asseyait tout juste dans son fauteuil lorsque la porte s'ouvrit violemment devant un Kyle essoufflé et congestionné. L'aspect du père d'Alison se révélait si surprenant que le directeur en oublia de lui souhaiter la bienvenue. Quand il voulut réparer son manque de civilité, l'autre, lui coupant la parole, ne le lui permit pas.

— Keith McDougall! Vous êtes un misérable!

Les choses commençaient mal et une pareille violence étonnait de la part d'un gentleman comme Hamish, Gregor, Alexander Kyle. Le directeur poussa un soupir résigné. La discussion serait difficile. En vérité, elle s'avéra très vite impossible car le père d'Alison enchaînait:

— Est-ce que vous vous figuriez, par hasard, que je vous verse près d'un millier de livres par an pour que ma fille soit bafouée, battue et qu'en plus, elle serve de victime aux fous sanguinaires rôdant dans ce collège? C'est une maison d'éducation ou un coupe-gorge que vous dirigez?

— Ecoutez, Mr. Kyle, il y a...

— Je n'écoute rien! Prévenez ma fille! Je l'emmène! Et non seulement je ne règle pas le trimestre, mais encore mes avocats vont vous attaquer pour escroquerie! Je vous ruinerai! Vous entendez, Mc-Dougall, je vous ruinerai!

Plus rien, désormais, ne pouvait affecter McDougall. Il sortit de son bureau pour retourner se coucher après avoir donné l'ordre de prier Alison Kyle de rejoindre son père au bureau directorial. Alison, qui se trouvait en compagnie de Gerry, rassura celui-ci. Elle savait que son père en passerait par où elle voudrait et elle promit à son amoureux que dans quelques instants, elle lui rapporterait la tête de Miss McCarthery.

Kyle étreignit sa fille comme si elle était rescapée d'une épouvantable catastrophe. Bien que surprise, la petite prit soin de ne pas le montrer.

— Alison, préparez immédiatement vos bagages! Nous partons!

— Je quitte le collège?

— Ça, un collège? Laisse-moi rire! Ne discutez pas, Alison! Bouclez vos valises!

— Papa, je ne partirai pas sans que vous n'ayez rencontré cette McCarthery qui m'a giflée!

— C'est vrai! Qu'on l'envoie immédiatement chercher et qu'on lui dise que c'est la marmelade Kyle qui l'attend!

— J'y vais, papa!

Imogène trouvait que les aiguilles de sa montre paressaient, tant il lui durait d'écouter ce qu'Owen Rees se proposait de lui avouer. Quand on frappa à sa porte, elle crut qu'il s'agissait de Rees, mais ce n'était qu'Alison qui, du seuil, lança un triomphant:

— Papa est là!

— Et alors?

— Il veut vous voir!

L'Ecossaise eut un hennissement:

— Il veut, vraiment? Eh bien! moi, je ne veux pas!

— N'oubliez pas que papa, c'est la marmelade Kyle!

— Inutile d'insister, j'ai mes fournisseurs!

— Vous avez vos... Oh!

Lorsque Hamish, Gregor, Alexander Kyle sut que cette McCarthery le traitait comme un vulgaire représentant de commerce essayant de placer sa camelote, il oublia les règles élémentaires du savoir-vivre que tout gentleman se doit de connaître par cœur et se précipita — suivi de sa fille — vers la chambre d'Imogène où il fit irruption avec la violence d'un char d'assaut dans un fortin occupé par l'ennemi. Imogène plia sous le choc car elle ne s'était pas préparée à une offensive aussi brusquée. Kyle en profita:

— C'est vous cette Miss McCarthery dont on parle beaucoup... dont on parle trop?

— Vous êtes, sans doute, le marchand de marmelade?

— Marchand de!... Je suis Kyle, de Dundee!

— Et à Dundee, on ne vous a pas appris qu'on n'entrait pas chez quelqu'un sans lui en demander la permission?

— Là n'est pas la question! Vous vous êtes permis de gifler ma fille!

— Et je suis toute prête à gifler son père s'il ne sort pas à l'instant!

— Moi! Vous oseriez me!... Moi!

Alison, sentant obscurément que son père se heurtait à une résistance imprévue tint à lui apporter le réconfort de son appui moral:

— Ne vous laissez pas impressionner, *daddy!*

Kyle réagit vivement:

— Impressionner, Alison! Vous voulez rire, je suppose? Moi, un type dans les veines duquel coule du sang des McLeod se laisser impressionner par...

— ... par une descendante des McGregor, Mr. Kyle! Et qui considère les McLeod comme de la crotte!

Dès cet instant, il n'y eut plus de père outragé dans ses tendresses légitimes, ni de demoiselle dont on essayait de brimer le droit à la liberté, mais bien, à plusieurs siècles de distance, une nouvelle flambée du vieil antagonisme des clans. Une fois encore —

comme jadis sur la lande — la claymore au poing, les McGregor et les McLeod se retrouvaient face à face. Kyle fonça:

— J'aurais dû me douter que vous releviez de cette race de couards qui s'en prend aux faibles!

— Votre fille n'est pas une faible, mais une « demeurée », ce qui ne m'étonne d'ailleurs pas, les McLeod ayant toujours été plutôt désavantagés du côté intelligence!

Tout ceci n'était naturellement, que calomnies gratuites, mais ne pouvant se battre, Imogène et Kyle s'injuriaient. A la vérité, la signification des mots n'avait plus grande importance; seul leur éclat comptait.

Homme, et habitué à entendre les disputes entre les ouvriers de ses usines, Kyle possédait un vocabulaire beaucoup plus riche que son adversaire. Miss McCarthery huma l'odeur de la défaite. Alors, elle n'hésita plus et, estimant qu'en plus de son honneur, celui de centaines de McGregor défunts se trouvait en péril, elle jeta à la figure de Kyle le verre d'eau qu'elle était en train de boire lors de son arrivée et tandis qu'il fermait les yeux sous cette douche inattendue, elle se rua sur lui. Alison hurla et se précipita au secours de son père, mais une gifle l'envoya s'écrouler dans un coin de la chambre où, s'étant agrippée au guéridon, elle le reçut dans les jambes alors que le pot de fleurs y reposant lui arrivait dans les bras.

D'abord, on crut à un tremblement de terre, puis à un attentat, enfin on estima que le meurtrier, pris au piège, se débattait contre les policiers. Les professeurs se précipitèrent vers la chambre d'Imogène,

230

précédés par Keith McDougall appréhendant quelque nouveau malheur. De leur côté, McClostaugh et Tyler se hâtaient vers l'endroit d'où leur parvenait l'écho d'une furieuse mêlée. En apercevant les policiers, le directeur marqua un temps d'arrêt et, derrière lui, on se monta sur les pieds. Si le sergent et son constable n'étaient aux prises avec le meurtrier, qui cela pouvait-il donc être? En constatant qu'on arrivait devant la chambre de Miss McCarthery, Keith McDoufall ressentit un grand souffle froid lui courir le long de la colonne vertébrale. Désormais, il s'attendait à tout!

Il s'attendait à tout mais cependant pas à l'incroyable, à l'effarant tableau qui s'offrit à sa vue lorsque McClostaugh eut ouvert la porte. Imogène McCarthery, à cheval sur la poitrine de Hamish, Gregor, Alexander Kyle — allongé sur le dos, à même le parquet — le bourrait de coups de poing en répétant:

— Confessez qu'un McLeod ne vaut pas un McGregor ou je vous achève?

Keith McDougall glissa au sol, évanoui. On ne prit pas garde tout de suite à la jeune Alison pleurant silencieusement dans son coin, une table sur les jambes. Quand on la remarqua, on se demanda pourquoi elle tenait un pot de fleurs dans les bras. On n'osa pas lui poser la question de crainte de la vexer. Elle eût été, d'ailleurs, hors d'état de répondre et Miss McCarthery profita de la stupéfaction générale pour nouer ses grands doigts maigres et osseux autour du cou de Kyle:

— Dépêchez-vous, Mr. Kyle, ou je vous envoie rejoindre vos damnés McLeod!

Hamish, Gregor, Alexander, voyant distinctement la mort lui cligner de l'œil, balbutia:

— D'a... d'accord... Un... un Mama... un McLeod
ne vaut... pas... pas... un McGregor.

Au même instant, Tyler et McClostaugh arra-
chaient Imogène du corps de son ennemi, une Imogène hurlant:

— Vous l'avez tous entendu? Un McLeod s'est de
nouveau humilié devant une McGregor!

Les deux policiers emportèrent Mr. Kyle.

Gerry attendait Alison au rendez-vous que celle-ci
lui avait fixé, près des vieilles écuries. L'éloignement
du lieu expliquait qu'il n'ait rien entendu du dernier
scandale de Pemberton. Lorsqu'il distingua au loin
la silhouette de sa bien-aimée, il se précipita mais
freina son élan en constatant qu'elle avait pleuré.
Pressentant un désastre, il l'interrogea:

— *Darling!* Que s'est-il passé?

— Elle m'a encore giflée!

L'annonce de cette nouvelle brutalité laissa le
jeune Lymb pantois. Cela dépassait son entendement
et ce fût presque machinalement qu'il ouvrit les bras
pour recevoir sur la poitrine une Alison en larmes.

— Enfin, *darling,* votre père ne vous a pas laissé
battre, tout de même?

— Mon père?

Elle raconta la défaite des marmelades Kyle — et
par contre-coup des McLeod — devant la terrible
vierge guerrière de Callander. Gerry avait du mal
à ajouter foi à ce récit.

— Mais votre père va la faire expulser, n'est-ce
pas?

Amère, Alison avoua:

— Quand je les ai quittés, *daddy* regrettait de
n'être pas veuf afin d'épouser Miss McCarthery qui,

232

assurait-il, dirigerait mieux son personnel que n'importe quel Ecossais! Et il m'a annoncé que si je me révoltais encore une fois contre l'autorité de Miss McCarthery, il me flanquerait en pension chez les Anglais!

Pas plus les péripéties de la bataille que les joies délicates d'un succès unanimement reconnu n'empêchaient Imogène de songer au rendez-vous qu'Owen Rees lui avait donné par l'intermédiaire de Maureen McFadden. Elle allait apprendre le nom du meurtrier et la perspective de ce prochain triomphe, succédant à une victoire sur la race honnie des McLeod, l'enivrait à l'avance. Après le thé — où Mr. Kyle lui-même tint à partager avec Miss McCarthery le caké de l'amitié et la marmelade de la réconciliation (c'était naturellement de la marmelade Kyle) avant de regagner Dundee — Imogène retourna dans sa chambre où elle attendit la venue d'Owen.

Vers 19 heures, Miss McCarthery commençait à se demander si Miss McFadden, Owen Rees et Gordon Baxter n'étaient pas en train de se payer sa tête et de la mener en bateau lorsqu'elle entendit un pas dans le fond du couloir et elle sut, sans analyser les raisons de cette certitude, qu'Owen Rees la rejoignait. Elle alla à la porte pour l'entrouvrir de manière à ce que l'entrée du visiteur fût aussi rapide et discrète que possible. Mais comme elle mettait la main sur la poignée de la serrure, elle perçut un cri étouffé, tout de suite suivi du bruit d'une chute. Sans réfléchir, elle s'élança dans le couloir pour voir disparaître une silhouette tandis qu'un corps restait sur le sol. Elle courut et reconnut Owen Rees. Il perdait son sang d'une blessure sous le bras et, à côté de lui, l'arme dont on s'était servi, un poignard long et fin avec lequel on avait tué Norman Fullerton. Sans penser au danger, Imogène ramassa ce couteau et presque au même moment, une voix ironique s'enquit:

— Je pense que cette fois, vous aurez du mal à prouver votre innocence?

Ramenée à la réalité, Miss McCarthery découvrit quatre jambes et, levant les yeux, remonta jusqu'aux visages graves du sergent McClostaugh et du constable Tyler.

CHAPITRE VII

Sitôt mis au courant de l'arrestation d'Imogène McCarthery, Keith McDougall retrouva le goût de vivre. Il bondit hors de son lit où, quelques instants plus tôt, il appelait la mort afin de ne pas survivre à son déshonneur, et s'habilla en toute hâte pour savourer une vengeance qu'il désespérait de connaître jamais. De son côté, prévenu par McClostaugh, le superintendent Andrew Copland quittait à toute vitesse son bureau de Perth pour accourir à Pemberton après avoir, toutefois, intimé l'ordre au sergent de ne prendre aucune initiative car, jusqu'à plus ample informé, il refusait de croire à la culpabilité de Miss McCarthery, bien qu'Archibald lui jurât l'avoir prise en flagrant délit.

Tout le monde se retrouva dans le living-room où le superintendent, dès son arrivée, avait décidé de tenir une sorte de lit de justice. Il pria les professeurs de s'y rassembler, alerta le directeur et sa femme et lorsque tout le monde fut en place envoya Tyler quérir Imogène McCarthery retenue à l'infirmerie et surveillée par le sergent McClostaugh. Elle entra, toute sa fierté retrouvée, et si Maureen Mc-

Fadden n'avait pas été aussi inquiète au sujet d'Owen Rees, elle aurait souri en pensant que la farouche Ecossaise ne se laisserait pas abattre sans se défendre. Lorsque chacun eut pris sa place, le superintendent commença par rappeler les meurtres précédents et reconnut tout de suite que ces attentats ne cadraient pas du tout avec l'hypothèse de la culpabilité de Miss McCarthery. Le sergent ayant protesté se vit rappeler durement à l'ordre. McClostaugh mâté, Copland enchaîna:

— Le sergent — dont les dires sont confirmés par le constable — affirme avoir surpris Miss McCarthery au moment même où... Quelque chose à dire Tyler?

N'osant pas regarder McClostaugh qui le foudroyait d'un œil terrible, Samuel tint à préciser:

— Je dois préciser, monsieur le superintendant, que nous n'avons pas vu Miss McCarthery frapper, mais seulement accroupie près du blessé et tenant à la main le poignard dont — du moins le médecin le prétend — on s'était servi pour attenter à la vie de Mr. Rees.

— C'est exact, sergent?

Archibald émit un grognement des plus hargneux que Copland voulut bien prendre pour un assentiment.

— J'ai le regret de constater, sergent, que vous semblez manifester une animosité particulière envers Miss McCarthery et, dès lors, vos témoignages seront sujets à caution... Constable, avez-vous remarqué la manière dont Miss McCarthery tenait le poignard?

— Parfaitement.

— Avez-vous eu l'impression qu'elle le tenait comme quelqu'un qui vient de frapper ou s'apprête à frapper de nouveau?

236

— Certainement pas, Mr. le superintendent, mais plutôt comme quelqu'un qui vient de trouver quelque chose d'insolite et qui, l'ayant ramassé, se demande où il l'a déjà vu.

La voix d'Imogène s'éleva, clairoнnante:

— Merci, Sam! Vous au moins, vous êtes un honnête homme! Ce n'est pas comme cette espèce de bâtard né aux frontières de l'Ecosse.

Le sergent hurla à l'adresse de Copland:

— Vous l'entendez?

— Je ne suis pas encore sourd que je sache? Dois-je comprendre que vous vous êtes reconnu dans cette définition?

On rit et le sergent ne craignit point de laisser entendre que cette monstrueuse fille était protégée en haut lieu et qu'elle pouvait impunément assassiner n'importe qui. Du coup, le superintendent se fâcha:

— Sortez, sergent! Mettez-vous à la porte et empêchez quiconque de quitter cette pièce, fût-ce par la force, tant que je n'aurai pas donné la permission de partir aux personnes ici présentes!

McClostaugh disparut, le superintendent reprit:

— La mort de Fullerton ne peut raisonnablement être mise au compte de Miss McCarthery qui, lorsqu'il mourut, ne le connaissait que depuis une heure à peine et, pour si impétueuse que soit notre amie, je ne pense pas qu'elle se distraie en massacrant ses semblables...

Imogène adressa à Copland un sourire complice et reconnaissant.

— Il semble bien encore que la mort d'O'Flynn ait été due à une erreur et cette hypothèse est confirmée par les deux agressions dont Miss McCarthery fut victime par la suite. Vous conviendrez donc avec moi, ladies et gentlemen, que si tout innocente Miss McCarthery, tout prouve, par contre, que le meurtrier appartient au corps enseignant de Pemberton et, donc, qu'il est dans cette pièce.

Cette affirmation suscita une émotion intense, et même Keith McDougall qui, depuis qu'il avait deviné que son ennemie s'en tirerait, ne s'intéressait plus au débat, sursauta.

— Heureusement, Mr. Rees est beaucoup plus légèrement atteint qu'on était en droit de le craindre... Je suppose qu'il doit la vie à l'intervention de Miss McCarthery dont l'apparition a mis en fuite l'assassin. Miss, ne pouvez-vous nous le décrire?

— Non... tout s'est passé trop vite! J'ai surtout regardé Owen Rees à terre.

Alors, le directeur intervint:

— Sait-on où Mr. Rees se rendait lorsqu'il a été attaqué?

— Chez moi!

Tous les regards convergèrent sur Imogène qui soutint le choc. Le superintendent demanda:

— Venait-il vous voir dans une intention particulière? Je veux dire ayant un rapport quelconque avec nos préoccupations?

— Il désirait, je pense, s'excuser pour l'agression dont j'avais été victime dans le parc.

— S'excuser? Insinueriez-vous qu'il était l'agresseur?

— Non, mais qu'il connaissait l'agresseur.

— Vous en êtes sûre?

— Certaine!

— Alors, dès qu'il ira mieux, nous irons le prier de nommer le coupable!

— Il ne le fera pas.

— Et pourquoi?

— Parce qu'il se croit lié à lui par une dette d'honneur! Mais, moi, je n'ai pas les scrupules de Mr. Rees et je ne vois pas pourquoi je ne vous révélerais pas que le meurtrier de Norman Fullerton et de Patrick O'Flynn, que celui qui a tenté par deux fois de m'expédier dans un autre monde et qui vient d'essayer de tuer Owen Rees, c'est lui!

Et d'un index solennel tout autant que vengeur, Imogène — incarnation de la justice — désigna Gordon Baxter. Il y eut un court silence puis tout le monde se mit à crier à la fois. Quant au professeur de culture physique, il parut ne pas comprendre et quand, enfin, il réalisa qu'on l'accusait de plusieurs crimes, il bondit et voulut se jeter sur Miss McCarthery. Dermot Stewart, en tentant de l'intercepter, attrapa un direct sur le nez qui lui brouilla aussitôt la vue et transforma son nez en fontaine. A ce spectacle, Flora Pritchel manqua s'évanouir. Maureen McFadden l'aida à transporter et à étendre Dermot sur le canapé du fond de la pièce. Miss Pritchel s'agenouilla près du blessé et, tout en lui tamponnant les narines, le supplia de ne pas mourir. Ces deux-là se désintéressaient du débat. Grâce à un astucieux croc-en-jambes, Samuel Tyler avait réussi à faire choir Baxter et, aussitôt, le superintendent et le constable, unissant leurs efforts, étaient parvenus à neutraliser le professeur de culture physique et à lui passer les menottes. L'opération terminée, Copland interrogea Baxter:

— Et maintenant, mon garçon, si nous nous expliquions?

— Vous êtes tous fous! Et la grande rouquine

plus folle à elle seule que tous les autres réunis!

— Je ne pense pas, Baxter, que vous ayez intérêt à adopter ce stupide système de défense?

— Je n'ai pas à me défendre! Je ne suis pas coupable!

— C'est vrai, Mr. Le Superintendent, il n'est pas coupable!

On se retourna vers la porte où Owen Rees, très pâle, se tenait sur le seuil. Maureen se précipita vers lui pour le soutenir.

— Owen! Quelle imprudence!

— Je me suis tu trop longtemps, Maureen... Il faut que je parle. Vous pouvez enlever les menottes à ce pauvre Baxter. Il est aussi innocent que l'agneau qui vient de naître.

Le superintendent hésita, mais il se dégageait de la personne de Rees une telle autorité qu'il fut convaincu et ôta les bracelets d'acier enserrant les poignets de Baxter. Quant à Imogène, elle commençait à redouter de s'être trompée.

Owen Rees, s'étant assis dans un fauteuil, déclara:

— Il y a quelques années un professeur qui, jusqu'alors, n'avait vécu que pour l'étude, fut bouleversé par une rencontre. Dans un music-hall de la ville où il enseignait, il fit la connaissance d'une créature merveilleuse, une danseuse acrobatique. Il en devint éperdument épris. C'était alors un homme sur qui l'on fondait de grandes espérances. Cette jeune personne le sut et, bien qu'aimant beaucoup l'argent, elle accepta en l'épousant une position somme toute médiocre, mais qui la sortait d'un milieu où elle ne se plaisait guère car, fort instruite, pourvue de bons diplômes, elle n'était entrée au music-hall que sur un coup de tête et aussi parce que l'enseignement lui semblait un métier de crève-la-faim. Cette danseuse si cultivée et de cœur si sec s'appelait Fanny Pesler... Très vite, elle s'aperçut que son mari ne lui donnerait jamais le luxe dont elle avait un besoin féroce... Pour arrondir ses mensualités, elle se livra à des escroqueries de plus en plus graves et, un jour, ce qui devait arriver arriva: elle fut condamnée à la prison. Son mari dut quitter la ville et gagner un lointain collège où l'on n'avait pas eu vent de son histoire. Pour elle, libérée au bout de quatre années, elle jugea que rien ne la cacherait mieux que cette université si hautement méprisée jadis. Elle changea de nom, réussit à falsifier ses diplômes et le hasard voulut que, quelques années plus tard, alors qu'elle atteignait la trentaine, elle échoua dans le collège où enseignait l'homme qu'elle avait autrefois épousé et qui avait obtenu le divorce.

Owen Rees s'interrompit pour boire une gorgée d'eau.

— Le mari bafoué ne songea nullement à tirer la moindre vengeance de celle qui avait brisé sa carrière. Il résolut de l'ignorer jusqu'au jour où il comprit qu'elle méditait un nouvel abus de confiance. Escroquerie classique. Elle avait jeté son dévolu sur un garçon aussi riche que naïf. Elle comptait l'épouser et, une fois mariée, lui voler tout ce qu'elle pourrait avant de prendre la fuite. Il la menaça de la dénoncer. Elle jura de le tuer s'il mettait sa menace à exécution. Cette abominable conversation fut entendue par Norman Fullerton et elle l'assassinat de peur qu'il ne parle. Lorsque Miss McCarthery affirma que par Fullerton elle connaissait le nom du meurtrier, Fanny eut peur et résolut de tuer Miss McCarthery dont la querelle avec O'Flynn servait ses desseins.

Comme vous l'avez deviné, Mr. le Superintendent, elle a tiré sur O'Flynn croyant tirer sur Miss McCarthery qu'elle essaya par deux fois d'abattre, notamment lorsque cette dernière me suivit dans le parc, s'imaginant que j'avais rendez-vous avec Baxter alors que je rejoignais Fanny pour lui annoncer mon intention de la dénoncer. Sachant que je désirais voir Miss McCarthery pour lui expliquer mon silence, elle m'a attaqué dans le couloir...

Aucun des assistants, figés dans une attention soutenue, ne prit garde à la personne quittant discrètement la pièce. Presque aussitôt un cri de femme fit se retourner tout le monde vers la porte qui s'ouvrit devant le sergent McClostaugh portant Flora Pritchel dans ses bras. Archibald roulait des yeux affolés:

— J'ai dû cogner trop fort...

Et regardant Imogène, il ajouta, pensant s'excuser:

— Je croyais que c'était vous!

— Merci quand même!

On pria Dermot Stewart de débarrasser le divan pour y étendre Flora Pritchel assommée. Dermot commença à gémir et à menacer McClostaugh de tous les châtiments administratifs possibles et imaginables. Owen Rees interrompit le flot de ses imprécations:

— Taisez-vous donc, Stewart, et essayez d'être un homme!

Surpris par cette attaque imprévue, Dermot ne tarda pas à réagir:

— Je n'ai pas de leçon à recevoir de vous, Rees! Continuez donc de raconter votre histoire, elle ne m'intéresse pas!

— Elle vous intéressera lorsque vous saurez que

242

le professeur dont je vous ai parlé, c'était moi... et que la danseuse qui n'aimait que l'argent s'appelait Fanny Pesler avant de se faire appeler Flora Pritchel!

Dans le brouhaha qui suivit où perçaient les cris aigus de Dermot Stewart, les injures que Flora Pritchel transformée, adressait à Rees et les ordres que Copland lançait à McClostaugh et Tyler pour passer les menottes aux jolis poignets de Fanny-Flora, Imogène, vexée, s'avouait qu'une fois encore elle s'était fichue dedans et qu'elle risquait bien de perdre la face dans l'aventure. Et, pourtant, à peine Flora-Fanny partie, Owen s'adressa à l'Ecossaise:

— Votre ruse, Miss McCarthery, était imprudente, mais habile... En désignant Gordon Baxter qui, je l'espère, vous pardonnera, vous avez endormi Fanny dans une fausse sécurité. Je crois que vous avez magnifiquement accompli votre tâche et que vous avez vengé Norman Fullerton...

Imogène ne sut jamais si Owen Rees se moquait ou non d'elle. En tout cas, elle reçut sans le moindre remords les félicitations du superintendent et de ses collègues de deux jours. Même Keith McDougall se crut obligé de s'excuser pour l'hostilité qu'il lui avait témoignée, aveu qu'il exprimait d'autant plus volontiers qu'il connaissait l'incroyable retournement d'Hamish, Gregor, Alexander Kyle. Et quand Miss McCarthery quitta Pemberton où Peter Cornway vint la chercher, chacun éprouva du regret à la voir partir.

Peter Cornway arrêta d'autorité sa voiture devant le *Fier Highlander* sur le seuil duquel Ted Boolitt et William McGrew attendaient Imogène. Elle ne se fit pas prier pour entrer dans le bar où tous ses amis la guettaient et l'ovationnèrent. Sitôt que Ted eut servi une tournée générale de whisky et porté un toast à la santé d'Imogène McCarthery, gloire du vieux pays, il demanda à cette dernière de leur raconter comment elle avait découvert la meurtrière de Norman Fullerton et de Patrick O'Flynn. Imogène se laissa prier juste ce qu'il fallait, puis commença:

— Tout de suite, je veux dire dès que je l'eus rencontrée, cette jeune femme me parut suspecte...

Et pendant près de deux heures, elle mentit sans que personne ne s'en doutât; elle non plus, d'ailleurs.

Au terme de ces deux heures, on entama une série de toasts à la gloire d'Imogène McCarthery grâce à qui Callander devenait la plus fameuse ville d'Ecosse, à l'amitié de Ted Boolitt, à l'amitié de William Mc-Grew, à la honte des ennemis de Miss McCarthery, au cher vieux pays. De là, on passa à des préoccupations plus élevées: on but à la pauvre reine Mary Stuart, à la honte de l'Angleterre et Imogène, ayant nettement dépassé la réalité et ses contingences, proposa de nommer une Commission pour aller exiger d'Elisabeth II qu'elle reconnût l'indépendance écossaise, sinon ce serait la guerre. Miss McCarthery évoqua l'exemple de Robert Bruce et proposa d'improviser un hymne vengeur et susceptible d'enflammer le sang écossais. On s'arrêta à la première note, le whisky ayant paralysé la plupart des cordes vocales. Le révérend Haquarson qui passait devant le *Fier Highlander*, intrigué par le tapage qui s'y menait, entra pour adresser quelques rudes admonestations aux buveurs, mais quand il vit Imogène McCarthery, son enthousiasme fondit d'un coup. L'Ecossaise aux cheveux rouges l'ayant aperçu le désigna comme un suppôt des Anglais et il dut battre précipitamment en retraite, évitant de justesse le verre d'un impie qui s'écrasa sur la porte au-dessus de sa tête.

244

Le sergent McClostaugh s'apprêtait à monter se coucher lorsque le révérend Haquarson — son « pays » — fit irruption dans le poste de police, les yeux hors de la tête.

— Au nom de Celui qui commande sur la terre comme au ciel, Archibald McClostaugh, je requiers votre autorité pour chasser la chienne impudique!

Le sergent regarda le pasteur d'un œil torve.

— Ça ne va pas mieux, révérend?

— Archibald! Elle est assise sur une table, elle est ivre et donne le ton à un chœur d'ivrognes! Et quand j'ai voulu leur faire honte de leur conduite, ils m'ont raillé, insulté et j'ai dû fuir devant leurs menaces!

— Qu'est-ce que c'est que cette histoire, révérend?

— Puisque je vous dis que je l'ai vue, l'impudique!

— Mais, par les tripes de Satan, de qui parlez-vous?

— D'Imogène McCarthery qui mène le sabbat chez Ted Toolitt, au *Fier Highlander!*

— Imogène McCarthery, hein?

— Elle-même!

McClostaugh se leva posément, vint au pasteur et, doucement:

— Foutez le camp!

Abasourdi, Haquarson n'en croyait pas ses oreilles.

— Hein? Quoi? Qu'est-ce que vous osez?

— Je vous dis de foutre le camp avant que je ne perde mon sang-froid!

— Mais, Archibald...

— Le premier qui prononce encore une fois le nom de cette maudite créature devant moi, je l'étrangle! Vu?

— Est-il possible, Archibald, que vous ayez perdu le respect dû à...

245

— Ecoutez, révérend, j'ai tout perdu, alors inutile de faire le détail! Jusqu'ici, je vivais dans la conviction que les lois avaient été promulguées pour tout le monde. Je me trompais: Imogène McCarthery est en dehors des lois!

— Enfin, voyons, McClostaugh...

— En dehors des lois, révérend! Elle peut tuer, assassiner, démolir un collège, bouleverser la carrière d'un homme comme moi, elle a raison, elle a toujours raison, elle aura toujours raison! Elle mène un raffut de tous les diables au *Fier Highlander* qui devrait être fermé? Et alors? Les heures de fermeture des débits de boissons n'ont plus aucune importance si Imogène McCarthery en a ainsi décidé! Et si elle veut chanter toute la nuit, elle en a le droit! Si j'apprends qu'elle se promène nue dans Callander, je collerai en prison ceux qui s'en indigneraient et si la fantaisie lui prend de venir mettre le feu ici, je lui passerai des allumettes... Pas plus tard que demain, je boucle ma valise, je laisse les clés à Tyler et je pars m'enfermer moi-même dans un cabanon de l'asile de Perth car je préfère m'y rendre de mon plein gré que d'y être emporté dans une camisole de force!

Grisée par les applaudissements, les félicitations et aussi par le whisky bu de façon immodérée, Imogène rentra chez elle sur les onze heures du soir. L'œil sévère, le maintien réprobateur, Mrs. Elroy l'attendait.

— 'lut... Rose... mary...

— C'est à cette heure-ci que vous rentrez, Miss Imogène? Il y a plus de trois heures que vous êtes au *Fier Highlander?*

246

— Pas popo... pas possi...ble?

Le regard empli de soupçons, Mrs. Elroy s'approcha pour la regarder sous le nez avant de s'écrier:

— Par la Sainte Justice de Notre Seigneur, vous avez bu?

— Oh! à... oh! à... oh! à...

— Qu'est-ce que ça signifie? Vous aboyez à présent?

— Oh! à... à peine!

— Miss Imogène, vous êtes ivre!

— Moi? Jaja... jamais de la... la vie!

Mrs. Elroy, effondrée, joignit les mains.

— Dieu Tout-Puissant, il me semble entendre votre papa!

Miss McCarthery poussa un véritable cri de guerre et Rosemary Elroy se rapprocha de la porte pour une fuite rapide au cas où les circonstances l'exigeraient car elle se souvenait que, parfois, le capitaine avait le whisky mauvais.

— *Daddy!*... Douglas!... Robert!

A tue-tête, Miss McCarthery invoquait ses dieux lares: son père, son fiancé disparu et le champion de l'indépendance écossaise.

— *Daddy!*... Douglas!... Robert!... Mrs. Elroy, il faut que j'aille leur apprendre qu'une fois encore, pour la plus grande gloire de l'Ecosse, j'ai traqué le crime et démasqué le criminel!

Les effigies de ses dieux se trouvant dans sa chambre, Imogène se précipita dans l'escalier y menant, comme les derniers partisans de Bonnie Prince Charlie, voyant que le sort des armes leur était contraire, se jetèrent sur les troupes de Cumberland en un ultime assaut. Elle vola sur les six premières marches, buta contre la neuvième, trébucha sur la douzième, rata la quinzième et redescendit l'escalier sur le ventre, la robe troussée jusqu'aux épaules sous le regard tout à la fois terrifié et scandalisé de Mrs. Elroy. Au terme de sa chute Miss McCarthery ne bougea plus et la vieille femme la crut morte.

Elle dormait.

IMPRIMÉ EN FRANCE PAR BRODARD ET TAUPIN
58, rue Jean Bleuzen - Vanves - Usine de La Flèche.
LIBRAIRIE GÉNÉRALE FRANÇAISE - 14, rue de l'Ancienne-Comédie - Paris.
ISBN : 2 - 253 - 03800 - 8

Biblio/essais

Une collection qui propose une véritable ouverture philosophique sur les problèmes actuels.

Biblio/romans

Dans une présentation originale, un choix de « classiques » de notre époque.

Extrait du catalogue général

BLIXEN (Karen)
Sept contes
gothiques   3020/7 VI

BRETON (André)
Anthologie de
l'humour noir   3034/9 V

CALVINO (Italo)
Le Vicomte
pourfendu   3004/1 I

CANETTI (Elias)
Histoire d'une jeunesse.
La langue sauvée   3044/7 VII
Histoire d'une vie.
Le flambeau
dans l'oreille   3056/1 VII

CENDRARS (Blaise)
Rhum   3022/3 II

**CONRAD (Joseph) et
MADOX FORD (Ford)**
L'Aventure   3017/3 VI

DURRELL (Lawrence)
Cefalù   3037/1 IV

GUÉHENNO (Jean)
Carnets du vieil
écrivain   3005/8 III

GUILLOUX (Louis)
Angélina   3003/3 II